合併における
繰越欠損金の
税務

公認会計士・税理士 佐藤信祐 著

日本法令

はじめに

　令和2年に始まったコロナ禍も落ち着き、ほぼ日常を取り戻したように思われる。コロナ禍の影響により多額の繰越欠損金を有するようになった子会社もあれば、コロナ後の生活の変化によりコロナ前の業績が期待できなくなった子会社もある。このような時代の変化がある場合には、グループ内の統合やM&Aが活発に行われることから、繰越欠損金を意識した組織再編成が行われることが予想される。

　その一方で、TPR事件、PGM事件といった繰越欠損金を利用した租税回避に対して包括的租税回避防止規定が適用された事件が公表されるようになった。税務調査でも、多額の繰越欠損金を引き継いでいる場合には、包括的租税回避防止規定の検討が行われる場面が増えており、納税者としてもその対策が必要になる。

　しかし、そもそも合併で繰越欠損金を引き継ぐためには、税制適格要件を満たし、かつ、繰越欠損金の引継制限が課されないようにする必要がある。すなわち、税制適格要件を満たさなかったり、繰越欠損金の引継制限が課されたりする場合には、包括的租税回避防止規定を検討するまでもなく、繰越欠損金を引き継ぐことができなくなるため、まずは税制適格要件と繰越欠損金の引継制限の検討を行う必要がある。

　そして、組織再編税制は、合併だけでなく、分割、現物出資、現物分配、株式分配、株式交換等及び株式移転に対して適用される税制であり、かなり詳細な規定がなされているが、実務で行われる組織再編成のほとんどは合併であり、かつ、残余財産が確定する場合を除き、繰越欠損金の引継ぎは適格合併にしか認められていない。

　そのような背景から、合併における繰越欠損金の引継ぎに限定した書籍の必要性を感じたため、本書の刊行に至った。本書が組織再

編成に関与する弁護士、公認会計士、税理士、経理担当者その他の関係者の方々のお役に立つことができれば幸いである。

　本書は、令和6年4月1日時点で公表されている本法、施行令、施行規則及び取扱通達をもとに解釈できる範囲内での私見により編集した。本書では、グループ通算制度、国際税務、公益法人等の取扱いは、これらに係る規定の適用を受けない方々に無用の混乱を招く可能性があることから、原則として、解説を省略していることをあらかじめご了承されたい。

　本書の出版に当たっては、(株)日本法令の竹渕学氏、田村和美氏に多大なるご協力をいただいた。ここで厚くお礼を申し上げたい。

　令和6年4月

公認会計士　　　佐藤　信祐
税　理　士

第1章　実務に影響を与える　5つの裁判例及び裁決例

第1節　ヤフー事件（最一小判平成28年2月29日・TAINSコードZ266-12813 ………… 2

1　概　要 ……………………………………………………… 2
2　事実の概要 ………………………………………………… 3
3　主たる争点 ………………………………………………… 4
4　本事件の特徴 ……………………………………………… 5
5　東京地判平成26年3月18日・TAINSコードZ264-12435 ………………………………………………… 6
　(1)　法132条の2の意義（争点1）について …………… 6
　(2)　施行令112条7項5号の要件を充足する本件副社長就任について、法132条の2の規定に基づき否認することができるか否か（争点2）について ………………… 14
6　平成13年版改正税法のすべて ……………………… 30
7　朝長鑑定 …………………………………………… 31
　(1)　概　要 ……………………………………………… 31
　(2)　平成23年10月18日付鑑定意見書 ……………… 32
　(3)　平成24年5月14日付鑑定意見書 ……………… 38

　⑷　平成24年7月12日付鑑定意見書 ······················· 41

　8　東京高判平成26年11月5日・TAINSコードＺ264－
　　　12563 ··· 46

　9　最高裁判決 ··· 50

　⑴　判　　旨 ··· 50

　⑵　評　　釈 ··· 51

　10　小　　括 ··· 56

第2節　TPR事件（東京高判令和元年12月11日・
　　　　TAINSコードＺ269－13354）········ 58

　1　概　　要 ··· 58

　2　事実の概要 ··· 60

　3　東京地判令和元年6月27日・TAINSコードＺ269－
　　　13285 ··· 62

　4　東京高裁判決 ··· 69

　5　評　　釈 ··· 71

　6　実務への影響 ··· 73

　7　東京高判令和元年12月11日の問題点 ············· 74

　⑴　会社分割・合併等の企業組織再編成に係る税制の
　　　基本的考え方 ································· 74

　⑵　適格現物分配と残余財産の確定に伴う繰越欠損金の
　　　引継ぎ ································· 77

　⑶　譲渡損益の繰延べ ································· 80

　⑷　平成30年度税制改正 ································· 81

　⑸　小　　括 ································· 82

第3節　PGM事件（東京国税不服審判所裁決令和2年11月
　　　　2日・TAINSコードF0－2－1034)……… **83**
　1　事実の概要…………………………………………………… 83
　2　国税不服審判所の判断……………………………………… 96

第4節　大阪国税不服審判所裁決令和4年8月19日
　　　　判例集未登載（大裁（法・諸）令4第5号）
　　　　………………………………………… **98**
　1　事実の概要………………………………………………… 98
　2　主たる争点………………………………………………… 99
　3　当事者の主張……………………………………………… 99
　4　国税不服審判所の判断……………………………………110
　5　小　括………………………………………………………113

第5節　ユニバーサルミュージック事件（最一小判令和4年
　　　　4月21日・TAINSコードZ888－2411)… **116**

第2章　理論編

第1節　税制適格要件の判定 ………………… **120**
　1　基本的な取扱い……………………………………………120
　2　制度趣旨……………………………………………………130

  (1) 概　要 …………………………………………… 130

  (2) グループ内の組織再編成 ………………………… 131

 3 無対価合併における税制適格要件の判定…………132

第2節　現金交付型の適格合併 …………… 138

第3節　非適格合併に該当した場合の問題点… 140

第4節　適格合併に該当する場合 ………… 143

 1 基本的な取扱い…………………………………………143

 2 合併法人が被合併法人の債権を券面額未満で
  取得している場合 ……………………………………144

 3 合併法人と被合併法人の帳簿価額が異なる場合……145

第5節　繰越欠損金と特定資産 …………… 146

 1 繰越欠損金の引継ぎ…………………………………146

  (1) 基本的な取扱い ………………………………… 146

  (2) 合併法人が設立後9年を経過していない場合 …… 148

  (3) 期首合併と期中合併 …………………………… 150

 2 繰越欠損金の引継制限…………………………………153

 3 繰越欠損金の使用制限…………………………………156

 4 引継制限又は使用制限を受ける金額………………156

 5 特定資産譲渡等損失額の損金不算入………………157

 6 みなし共同事業要件…………………………………159

  (1) 概　要 ……………………………………………… 159

  (2) 事業関連性要件 ………………………………… 160

　　⑶　事業規模要件 ……………………………………… 161

　　⑷　事業規模継続要件 ………………………………… 164

　　⑸　特定役員引継要件 ………………………………… 165

　7　合併前に合併法人が被合併法人の発行済株式の
　　　全部を備忘価額で取得する手法………………………167

第6節　欠損等法人………………………… **169**

　1　概　　要………………………………………………169

　2　特定支配関係………………………………………172

　　⑴　基本的な取扱い ……………………………………… 172

　　⑵　間接保有の取扱い …………………………………… 172

　　⑶　特定支配関係が生じない場合 ……………………… 173

　3　欠損等法人………………………………………174

　4　適用事由………………………………………………175

　5　判定期間………………………………………………177

　6　欠損等法人を合併法人とする適格合併を行った場合

　　　………………………………………………………178

　7　欠損等法人を被合併法人とする適格合併を行った場合

　　　………………………………………………………180

第7節　包括的租税回避防止規定 ………… **182**

　1　概　　要………………………………………………182

　　⑴　法人税法132条の2 ………………………………… 182

　　⑵　繰越欠損金を利用するための適格合併 …………… 183

　　⑶　繰越欠損金を利用するための企業買収と適格合併… 186

　　⑷　100％子会社化後の適格合併 ……………………… 188

(5) 支配関係発生日から5年を経過するまで待つ場合… 190

(6) 玉突き型の組織再編成 ……………………………… 192

2 TPR事件と包括的租税回避防止規定…………………193

(1) 論点の整理 ……………………………………… 193

(2) 税負担減少の意図 ……………………………… 195

(3) 事業目的の不足 ………………………………… 196

3 PGM事件と包括的租税回避防止規定 …………199

4 小 括……………………………………………200

第3章 実務編

第1節 事業譲渡＋清算との違い ………… 202

1 完全支配関係が成立していない場合………………202

(1) 資産及び負債に含み損益がない場合 ……………… 202

(2) 資産に含み損がある場合 ………………………… 204

2 完全支配関係が成立している場合………………206

(1) 債務超過額が繰越欠損金よりも小さい場合 ……… 206

(2) 債務超過額が繰越欠損金よりも大きい場合 ……… 208

(3) 含み益があり、かつ、債務超過である場合 ……… 210

(4) 含み損があり、かつ、債務超過である場合 ……… 212

第2節　少数株主の排除 ················· 214
　　1　無対価合併 ································214
　　2　株式交付型合併 ··························215
　　3　現金交付型合併 ··························216
　　4　合併直前における株式の取得 ··············218

第3節　新設法人との合併 ················ 219

第4節　9年ルールと5年ルール ··········· 227
　　1　9年ルールの失敗事例 ·····················227
　　2　5年ルールの失敗事例 ·····················229

第5節　企業買収後の合併とみなし共同事業要件の潜脱 ················· 231
　　1　事業規模要件及び事業規模継続要件の潜脱 ········231
　　2　特定役員引継要件の潜脱 ··················233

第6節　非適格分社型分割後の適格合併 ··· 236
　　1　繰越欠損金の付替え ······················236
　　2　含み損の実現と繰越欠損金の引継ぎ ·············238

第7節　合併前の従業者及び事業の移転 ··· 240
　　1　税制適格要件 ···························240
　　2　みなし共同事業要件 ·······················241

第8節　2段階組織再編成 ………………… 242

1　完全支配関係継続要件………………………………242

2　支配関係継続要件……………………………………245

3　従業者従事要件………………………………………245

4　事業継続要件…………………………………………246

第9節　合併後の解散 ……………………… 247

第10節　グループ通算制度との違い …… 249

凡　例

法人税法……………………………………………………法法
法人税法施行令……………………………………………法令
法人税法施行規則…………………………………………法規
法人税基本通達……………………………………………法基通

（例）法人税法第57条の２第２項第１号　➡　法法57の２②一

　本書の記述は、令和６年４月１日現在の法令等に依るものである。

第1章

実務に影響を与える
5つの裁判例及び裁決例

　適格合併における包括的租税回避防止規定の適用については、2件の裁判例と2件の裁決例が公表されている。そして、包括的租税回避防止規定の対象にならない組織再編成であっても、包括的租税回避防止規定と同様の考慮事項に基づいて同族会社等の行為又は計算の否認を適用するかどうかを判断すべきとした裁判例が公表されている。
　これらの事件の射程については、論者によって見解が異なるが、今後の合併実務において知っておく必要のある事件であると考えられる。

第1節 ヤフー事件
（最一小判平成28年2月29日・
TAINSコードZ266－12813）

1　概　要

　本事件は、包括的租税回避防止規定（法法132の2）について争われた最初の裁判例である。本事件が公表される前は、経済合理性基準[*1]に基づいて包括的租税回避防止規定が適用されるといわれていたが、本事件に係る最高裁判決では、制度濫用論[*2]に基づいて包括的租税回避防止規定が適用されたため、その後の実務に大きな影響を与えた[*3]。

[*1]　経済合理性がないにもかかわらず、通常用いられない法形式を選択することによって、税負担を減少させた場合に包括的租税回避防止規定が適用されるという考え方であり、同族会社等の行為又は計算の否認（法法132）の適用における通説的な見解であった。

[*2]　租税法の趣旨・目的に反する形で税負担を減少させた場合に包括的租税回避防止規定が適用されるという考え方である。

[*3]　本事件と同時に行われたスキームに係るIDCF事件（最二小判平成28年2月29日・TAINSコードZ266－12814）についても、制度濫用論に基づいて包括的租税回避防止規定が適用されている。

2 事実の概要

　本事件における事実関係は、以下のとおりである。なお、下記の事実関係は、下級審である東京地裁の判決文をそのまま引用するのではなく、当該東京地裁の判決文を参考に著者がまとめたものである。

・ソフトバンク株式会社（以下、「B」という）は、ヤフー株式会社（以下、「原告」という）の議決権のうち約42.1％を保有している。

・原告は、Bの100％子会社であるソフトバンクIDCソリューションズ株式会社（平成21年2月1日までの商号は「ソフトバンクIDC株式会社」。以下商号変更の前後を通じて「C」という）の発行済株式の全部を譲り受け、その後、合併を行うことにより繰越欠損金の引継ぎを行っている。

・当該買収に先立ち、Cは分割により株式会社IDCフロンティア（平成21年3月31日までの商号は「ソフトバンクIDC株式会社」。以下、商号変更の前後を通じて「G」という）を設立し、Gも原告が買収している。本件分割は非適格分割に該当することから、Gにおいて資産調整勘定が計上されているが、当該資産調整勘定の計上についても、別訴[*4]で争われている。

・本件買収、合併におけるスケジュールは、次のとおりである。

＊4　前掲（＊3）のIDCF事件。

平成20年10月27日	Bが原告にCの株式譲渡等を提案
同年11月21日	書面により、Bが原告に上記の提案並びに具体的なストラクチャーを提案
同月27日	丙氏（原告の代表取締役社長及びBの取締役）が、Cの取締役副社長に就任するように依頼され、丙氏も了解
同年12月26日	Cの株主総会及び取締役会の決議により、丙氏をCの取締役副社長に選任
平成21年2月23日	C株式の譲渡に係る株式譲渡契約を締結
同月24日	C株式の譲渡及び譲渡代金（450億円）の支払い
同月25日	原告とCが合併契約を締結
同年3月30日	合併の効力発生日

3 主たる争点

(1) 法132条の2の意義（争点1）について
　① 法132条の2にいう「法人税の負担を不当に減少させる結果となると認められるもの」の解釈について
　② 「その法人の行為又は計算」の意義について
(2) 施行令112条7項5号（現施行令112条3項5号）の要件を充足する本件副社長就任について、法132条の2の規定に基づき否認することができるか否か（争点2）について
(3) 本件更正処分に理由付記の不備があるか否か（争点3）について

　このうち、争点3は形式的なものであるため、本書では争点1と争点2についてのみ分析を行うこととする。

4 本事件の特徴

　法人税法上、合併を行った場合において、税制適格要件を満たしたときは、被合併法人の繰越欠損金を合併法人に引き継ぐことができる（法法57②）。しかしながら、例えば、本事件のような100％子会社との合併では、合併の直前に合併法人と被合併法人との間に完全支配関係が成立していれば税制適格要件を満たすことができることから（法令４の３②一、当時の政令では法令４の２②一）、繰越欠損金を有する法人を買収した後に合併を行うといった租税回避が考えられるため、特定資本関係[*5]が生じてから５年を経過しない適格合併については、みなし共同事業要件を満たさない限り、繰越欠損金の引継制限が課されることとされている[*6]（法法57③）。

　この場合のみなし共同事業要件であるが、以下の①から④の要件を満たすか、①及び⑤の要件を満たした場合に充足することになる[*7]（法令112③、当時の政令では法令112⑦）。

① 事業の相互関連性要件
② 事業規模要件
③ 被合併等事業の同等規模継続要件
④ 合併等事業の同等規模継続要件
⑤ 特定役員引継要件

　第２章で解説するように、特定資本関係発生日以後に特定役員を

---

*5　現行法では「支配関係」に名称変更。以下、本節では、判決文に合わせて「特定資本関係」という表現を使用する。

*6　朝長英樹『企業組織再編成に係る税制についての講演録集』94頁（日本租税研究協会、平成13年）。

*7　第２章以降では、事業関連性要件、事業規模要件、事業規模継続要件、特定役員引継要件と表記するが、ここでは判決文の表現に合わせるものとする。

入れ替えることにより形式的に特定役員引継要件を満たす行為を防止するために、特定資本関係発生日前に役員であった者に特定役員が限定されている。これに対し、本事件では、特定資本関係発生日前に合併法人の特定役員を被合併法人の特定役員として送り込むことで形式的に特定役員引継要件を満たしており、このような形式的に特定役員引継要件を満たす行為は租税回避に該当するという判断から、包括的租税回避防止規定が適用されている。

　実務上、後継者のいない下請けの法人を合併するような場合や、経営不振に陥っている法人を支援するために合併するような場合には、事前に特定役員を送り込み、ある程度経営改善の見込みができてから、当該法人の株式を取得するということも行われている。このような十分な事業目的が認められる取引を行った結果として、特定役員引継要件を満たした場合には、包括的租税回避防止規定を適用すべきではないと考えられる。

　しかしながら、本事件では、株式譲渡の提案から副社長就任、株式譲渡、合併までの一連の取引が極めて短期間で行われており、事業目的よりも税負担の減少目的が主目的であるという疑義を抱かせる原因ともなっている。

5　東京地判平成26年３月18日・TAINSコードＺ264－12435

⑴　法132条の２の意義（争点１）について

　本争点に係る東京地裁判決は、①組織再編税制の基本的な考え方、②組織再編税制の概要、③法132条の２にいう「法人税の負担を不当に減少させる結果となると認められるもの」（以下「不当性要件」という）の解釈について、④「その法人の行為又は計算」の意義に

ついて、の４つから構成されているが、このうち、重要なものは③であることから、ここではその全文を紹介したい。

【東京地裁の判断】

ア．上記……のとおり、①法132条の２は、組織再編税制の導入と共に設けられた個別否認規定と併せて新たに設けられた包括的否認規定であること、②組織再編税制において包括的否認規定が設けられた趣旨は、組織再編成の形態や方法は複雑かつ多様であり、ある経済的効果を発生させる組織再編成の方法は単一ではなく、同じ経済的効果を発生させ得る複数の方法があり、これに対して異なる課税を行うこととすれば、租税回避の温床を作りかねないという点などにあることが認められる。そして、組織再編税制に係る個別規定は、特定の行為や事実の存否を要件として課税上の効果を定めているものであるところ、立法時において、複雑かつ多様な組織再編成に係るあらゆる行為や事実の組み合わせを全て想定した上でこれに対処することは、事柄の性質上、困難があり、個別規定の中には、その想定外の行為や事実がある場合において、当該個別規定のとおりに課税上の効果を生じさせることが明らかに不当であるという状況が生じる可能性があるものも含まれているということができる。

　以上のような法132条の２が設けられた趣旨、組織再編成の特性、個別規定の性格などに照らせば、同条が定める「法人税の負担を不当に減少させる結果となると認められるもの」とは、(ⅰ)法132条と同様に、取引が経済的取引として不合理・不自然である場合〔最高裁昭和50年（行ツ）第15号同52年７月12日第三小法廷判決・裁判集民事121号97頁、最高裁昭和55年（行ツ）第150号同59年10月25日第一小法廷判決・裁判集民事143号75頁参照〕のほか、(ⅱ)組織再編成に係る行為の一部が、組織再編成に係る個別規定の要件を形式的には充足し、当該行為を含む一連の組織再編成に係

る税負担を減少させる効果を有するものの、当該効果を容認することが組織再編税制の趣旨・目的又は当該個別規定の趣旨・目的に反することが明らかであるものも含むと解することが相当である。このように解するときは、組織再編成を構成する個々の行為について個別にみると事業目的がないとはいえないような場合であっても、当該行為又は事実に個別規定を形式的に適用したときにもたらされる税負担減少効果が、組織再編成全体としてみた場合に組織再編税制の趣旨・目的に明らかに反し、又は個々の行為を規律する個別規定の趣旨・目的に明らかに反するときは、上記(ii)に該当するものというべきこととなる。

イ．これに対し、原告は、法132条の2の不当性要件は、法132条と同様に、上記(i)の場合、すなわち、私的経済取引として異常又は変則的で、かつ、租税回避以外に正当な理由ないし事業目的が存在しないと認められる場合に限られる旨主張し、その理由として、①法132条の枝番として132条の2が規定され、両者の規定ぶりが酷似し、否認の要件の文言も同様であることなどから、両者を別異に解すべき理由はないこと、②租税回避の概念は、私法上の選択可能性を利用し、私的経済取引として合理性がないのに、通常用いられない法形式を選択するものとして定義されており、法の定める課税要件自体を修正するものは含まれず、法制度の濫用はこれとは別の概念であるというべきこと、③上記(ii)を含めるという解釈は、個別規定の要件を実質的に拡張して適用するものであり、納税者の予測可能性を著しく害し、租税法律主義に反することを指摘し、これに沿う意見書を提出する〔甲113（中里意見書）、甲114（田中意見書）、甲115（大淵意見書）、甲122（水野意見書）、甲12、142（佐藤意見書）、甲148（金子意見書）、甲149（占部意見書）〕。

しかしながら、上記……のとおり、法132条の2により対処することが予定されている第1の類型は、繰越欠損金等を利用する

組織再編成における租税回避行為であるところ、そもそも、繰越欠損金自体には資産性はなく、それが企業間の合併で取引の対象となり得るのは、租税法がその引継ぎを認めることの反射的な効果にすぎないのであり、企業グループ内における繰越欠損金の取引を含む組織再編成それ自体についていかに正当な理由や事業目的があったとしても、法57条３項が定める要件を満たさないのであれば、未処理欠損金額の引継ぎは認められない。したがって、上記の類型に属する租税回避行為の不当性の有無については、経済合理性の有無や事業目的の有無といった基準によって判断することはできず、「租税回避以外に正当な理由ないし事業目的が存在しないと認められる」か否かという基準は、それのみを唯一の判断基準とすることは適切ではないといわざるを得ない。

　また、上記基準を採るべき理由として挙げられている①の点について検討するに、法132条は、同族会社においては、所有と経営が分離している会社の場合とは異なり、少数の株主のお手盛りによる税負担を減少させるような行為や計算を行うことが可能であり、また実際にもその例が多いことから、税負担の公平を維持するため、同族会社の経済的合理性を欠いた行為又は計算について、「不当に減少させる結果となると認められるもの」があるときは、これを否認することができるものであるとしたものであり、法132条の２とはその基本的な趣旨・目的を異にする。したがって、両者の要件を同義に解しなければならない理由はなく、原告の上記①の主張は採用することができない。

　次に、②の点について検討するに、法132条の２により対処することが予定されている第２の類型は、複数の組織再編成を段階的に組み合わせることなどによる租税回避行為であるところ、組織再編成の形態や方法は、複雑かつ多様であり、同一の経済的効果をもたらす法形式が複数存在し得ることからすると、そもそも、ある経済的効果を発生させる組織再編成の方法として何が「通常

用いられるべき」法形式であるのかを、経済合理性の有無や事業目的の有無という基準により決定することは困難であり、これらの基準は、上記の類型に属する租税回避行為の判定基準として十分に機能しないものといわざるを得ない。他方、組織再編税制に係る個別規定は、特定の行為や事実の存否を要件として課税上の効果を定めているものであるところ、立法時において、複雑かつ多様な組織再編成に係るあらゆる行為や事実の組み合わせを全て想定した上でこれに対処することは、事柄の性質上、困難があり、想定外の行為や事実がある場合には、当該個別規定を形式的に適用して課税上の効果を生じさせることが明らかに不当であるという状況が生じる可能性があることは上記アで判示したとおりである。組織再編成とそれに伴い生じ得る租税回避行為に係るこれらの特性に照らすと、同条の適用対象を、通常用いられない異常な法形式を選択した租税回避行為のみに限定することは当を得ないというべきである。したがって、原告の上記②の主張は採用することができない。

　さらに、③の点について検討するに、一般に、法令において課税要件を定める場合には、その定めはなるべく一義的で明確でなければならず、このことが租税法律主義の一内容であるとされているところ、これは、私人の行う経済取引等に対して法的安定性と予測可能性を与えることを目的とするものと解される。もっとも、税法の分野においても、法の執行に際して具体的事情を考慮し、税負担の公平を図るため、何らかの不確定概念の下に課税要件該当性を判断する必要がある場合は否定できず（法132条がその典型例であるということができる。）、このような場合であっても、具体的な事実関係における課税要件該当性の判断につき納税者の予測可能性を害するものでなければ、租税法律主義に反するとまではいえないと解されるところである。しかるところ、法132条の2は、上記(ii)のとおり、税負担減少効果を容認すること

が組織再編税制の趣旨・目的又は当該個別規定の趣旨・目的に反することが明らかであるものに限り租税回避行為に当たるとして否認できる旨の規定であると解釈すべきものであり、このような解釈は、納税者の予測可能性を害するものではないから、これをもって租税法律主義に反するとまではいえないというべきである。この点に関する原告の上記③の主張は採用することができない。

　なお、法132条の2を上記のように解釈するとしても、その具体的な適用の在り方（すなわち、包括的否認規定の適用を行えるかどうか）は、当該事案において否認された行為を規律する個別規定の趣旨・目的に応じて定まるものであるというべきであり、当該個別規定の趣旨・目的の内容によっては、形式的な適用を貫くべき場合もあるということができる。本件で問題となる個別規定については、後記……において検討する。

　このように、従来の通説とは異なり、納税者の行為又は計算が不自然又は不合理である場合だけでなく、「組織再編税制の趣旨・目的又は当該個別規定の趣旨・目的に反することが明らかであるもの」についても包括的租税回避防止規定が適用できると判示しており、従来の租税回避の否認事例に比べて、その射程範囲を広く捉えようとする意図が見受けられる。

　そのため、本判決は非常に踏み込んだ内容となっており、逆にいえば、送り込まれた取締役副社長が名ばかり役員ではなく、その実態を備えていたことから、「取引が経済的取引として不合理・不自然である場合」という解釈だけでは包括的租税回避防止規定を適用することができなかったのではないかという疑念も生じる。

　従来の通説では、租税回避とは、「私法上の選択可能性を利用し、私的経済取引プロパーの見地からは合理的理由がないのに、通常用いられない法形式を選択することによって、結果的には意図した経

済的目的ないし経済的成果を実現しながら、通常用いられる法形式に対応する課税要件の充足を免れ、もって税負担を減少させあるいは排除すること」[8]とされていた。そして、平成20年当時税務大学校研究部教授であった清水一夫氏も、行為計算否認（法法132、132の２、132の３）を適用するための要件として、①形式的要件、②税負担の減少、③税負担減少の不当性（本件取引の行為・計算が通常の経済人を基準として不自然・不合理であることの評価根拠事実）を挙げられており[9]、財務省主税局OBであった佐々木浩氏も平成23年に行われた座談会において、包括的租税回避防止規定の適用については経済合理性がキーワードになる旨を述べられていた[10]。しかしながら、平成24年になると、同じく財務省主税局OBであった朝長英樹氏が制度の濫用に対して包括的租税回避防止規定が適用されるべきであるという見解を述べられ[11]、同年、税務大学校研究部教授であった斉木秀憲氏も、包括的租税回避防止規定が適用される場面を①組織再編税制の基本的な考え方からの乖離、②組織再編成の濫用、③個別防止規定の潜脱の３つに類型化されていた[12]。

＊8　金子宏『租税法』121－122頁（弘文堂、第19版、平成26年）参照。ただし、金子宏『租税法』133－134頁（弘文堂、第24版、令和３年）では、租税回避とは、「私法上の形成可能性を異常または変則的な（「不自然」という言葉は、主観的判断の幅が広く、不明確度が大きいため、避けておきたい）態様で利用すること（濫用）によって、税負担の軽減または排除を図る行為のことである」とされたうえで、租税回避には、「合理的または正当な理由がないのに、通常用いられない法形式を選択することによって、通常用いられる法形式に対応する税負担の軽減または排除を図る行為」「租税減免規定の趣旨・目的に反するにもかかわらず、私法上の形成可能性を利用して、自己の取引をそれを充足するように仕組み、もって税負担の軽減または排除を図る行為」という２つの類型があるとされている。

＊9　清水一夫「課税減免規定の立法趣旨による『限定解釈』論の研究―外国税額控除事件を出発点として―」税大論叢59号314頁（平成20年）。

＊10　仲谷修ほか『企業組織再編税制及びグループ法人税制の現状と今後の展望』（佐々木浩発言）129頁（大蔵財務協会、平成24年）。

＊11　朝長英樹ほか「組織再編成税制を巡る否認が相次ぐ中、今明かされる『行為計算否認規定（法人税法132条の２）の創設の経緯・目的と解釈』」（朝長英樹発言）T&Amaster 449号９頁（平成24年）。

＊12　斉木秀憲「組織再編成に係る行為計算否認規定の適用について」税大論叢73号40－42頁（平成24年）。

これに対し、今村隆教授は、より早い段階から租税回避の定義を見直すべきであるという主張をされていた。すなわち、租税回避の本質を「租税法規の要件を定める規定の文言には形式的には反しないが、当該租税法規の趣旨・目的に反すること」[*13]とされたうえで、「租税法規の要件を定める規定」には課税根拠規定と課税減免規定の2つがあることから、この2つに分けて検討した結果として、「課税根拠規定における租税回避とは、『課税根拠規定の要件の文言には形式的には該当しないが、該当しないとすると当該課税根拠規定が課税対象を規定している趣旨・目的に反すること』であり、課税減免規定における租税回避とは、『課税減免規定の要件の文言には形式的には該当するが、該当するとすると当該減免規定が減免するとしている趣旨・目的に反することであり、本来的減免規定の場合には、本来的に減免するとしている趣旨・目的に反することであり、政策的減免規定の場合には、当該政策的理由に反すること』ということができる」[*14]とされた。そのうえで、具体的な租税回避の定義を「私法上は、その法形式どおりに有効であるが、(1)租税法上の便益を得るのが主たる目的であってこれ以外の事業目的その他合理的目的がほとんどなく、(2)当該租税法規の趣旨・目的に反するにもかかわらず、租税上の便益以外の経済上の利益を得る見込みが極めて少ないか又は経済上の地位に意味のある変動を生じさせるものでないことから経済実質を欠く行為を行い、これによって、その法形式に対応する課税要件の充足を免れ又は課税減免規定の要件を充足させ、もって税負担を減少させ又は排除すること」[*15]とされた。このように、今村教授は、租税回避の定義を租税法規の「濫用」と捉えながらも、「事業目的その他合理的目的」がほとんどないということを前提としており、東京地裁判決は、さらに踏み込んだ判決であっ

---

*13　今村隆「租税回避とは何か」税大論叢40周年記念論文集54頁（平成20年）。
*14　今村前掲（*13）55頁。
*15　今村前掲（*13）57頁。

たといえる。

　この点については、東京高裁判決（後述８参照）だけでなく、最高裁判決（後述９参照）でも修正されており、最高裁判決の調査官解説によると、事業目的と税負担の減少目的を比べて、税負担の減少目的が明らかに上位にある場合において、制度趣旨に反すると認められるときに限り、租税回避に該当する余地があるとされている。

(2) 施行令112条７項５号の要件を充足する本件副社長就任について、法132条の２の規定に基づき否認することができるか否か（争点２）について

　本争点に関する東京地裁の判断は、①法57条２項及び３項の趣旨、②施行令112条７項５号の趣旨、③施行令112条７項５号に係る法132条の２の適用の在り方、④本件の組織再編成における不当性要件の充足の有無について、⑤本件副社長就任が否認の対象となる行為か否かについて、⑥小括、の６つから構成されており、その中心的なものは③④である。

〈③施行令112条７項５号に係る法132条の２の適用の在り方〉

　この点についての東京地裁の判断は、かなりコンパクトにまとめられており、かつ、争点２に対する判断において非常に重要な内容となっているため、ここではその全文を紹介したい。

【東京地裁の判断】

ア．以上で判示した法57条２項及び３項並びに施行令112条７項５号の趣旨に鑑みると、本件改正により導入された組織再編税制においては、従来は認められていなかった合併における未処理欠損金の引継ぎを一定の範囲で認めることとしたが、企業グループ内の適格合併における未処理欠損金額の引継ぎについては、租税回

避に利用され得ることを念頭において、なお制限的に認めるにとどめ、適格合併等に係る被合併法人等と合併法人等との間に特定資本関係が発生してから5年以内に行われる適格合併については、「共同で事業を営むための適格合併等」として政令で定める例外要件（みなし共同事業要件）に該当しない限り、被合併法人等の未処理欠損金額を合併法人等が引き継ぐことはできないこととした上、企業グループ内の適格合併が、双方の法人の従来の事業が合併の前後において継続しており合併後には共同で事業が営まれているとみることができるものであるか否かを判定するため、みなし共同事業要件として、事業関連性要件のほか、規模要件及び事業継続要件を要求する上記…の類型と、特定役員引継要件を要求する上記…の類型を設けて、被合併法人等の未処理欠損金額を合併法人等が引き継ぐことを認めたものということができる。

そして、上記判示のとおり、特定役員引継要件は、一般に、合併法人のみならず被合併法人の特定役員が合併後において特定役員に就任するのであれば、合併の前後を通じて移転資産に対する支配が継続していると評価することが可能であるという考え方を基礎として設けられたものと解される。

しかしながら、特定役員引継要件は、単に、役員又は特定役員への就任の有無及びその特定資本関係発生等との先後関係のみを問題とするにすぎないものであり、合併の前後を通じて移転資産に対する支配が継続しているか否かの指標として、常に十分にその機能を果たすものとまではいい難い。また、①法57条3項は、特定資本関係の発生後5年を経過することなく合併等を行った場合には被合併法人の未処理欠損金額を引き継ぐことを原則として制限しているのに、単に特定役員引継要件さえ充足すればその制限を解除することができるとすれば、具体的事情如何によっては均衡を欠く場合も生じ得ること、②共同で事業を営むための適格

合併等については、法57条２項により、未処理欠損金額を引き継ぐことが認められているが、その場合は、役員引継要件（原文ママ）のほか、従業者に関する要件、事業の継続に関する要件などの充足が求められているのに（法２条12号の８ハ、施行令４条の２第４項〔筆者注：現施行令４条の３第４項〕）、みなし共同事業要件においては、特定役員引継要件のみで足りることとされ、この点でも具体的事情如何によっては均衡を欠く場合も生じ得ることからすると、特定役員引継要件を形式的に適用するだけでは、課税の公平を実現することができないおそれがあるということができる。加えて、①みなし共同事業要件に係る特定役員引継要件と同様の文言が用いられている共同事業を営むための適格合併の要件に関連して、立法担当者らは、本件改正に合わせて出版された「企業組織再編成に係る税制についての講演録集」（同書90頁）において、「共同事業を行うための分割の要件の一つに、役員の引継ぎの要件がありますが、具体的な任期の目安はあるのでしょうか」との質問に対し、「法令上、具体的な任期や期間が示される予定はありません。課税の特例の適用を受けるために、短期間だけ役員にするといったような不自然、不合理なものは別にして、通常の法人と役員との関係を念頭に置き、判断されるべきものと考えられます」との回答をしていたこと（乙11・14頁、弁論の全趣旨）、また、②税制調査会の構成員が帰属する財界団体の実務担当者は、本件改正当時に行った「改正の経緯と残された課題」と称する講演において、共同で事業を営むための適格合併等の要件として設けられた役員引継要件（原文ママ）に触れ、「小さい方からも常務になる人が出て、通常の役員任期である一期二年を勤めればよいのです」と発言していたこと（乙15）、③税務関係雑誌においても、特定役員引継要件については「形式的に基準をクリアすればいいというものではないと考えられている」旨の記事が掲載されていること（甲118）からすると、役員引継要件（原

文ママ）の意味するところについては、本件改正当時から、議論の余地が少なからず残されており、単にそれを形式的に満たすだけでは否認される可能性があることが明らかにされていたということができる。

　これらのことを勘案すれば、みなし共同事業要件に係る特定役員引継要件が、特定役員引継要件に形式的に該当する事実さえあれば、組織再編成に係る他の具体的な事情を一切問わずに（すなわち、例えば、①特定資本関係発生以前の時期における当該役員の任期、②当該役員の職務の内容、③合併後における当該役員以外の役員の去就、④合併後における事業の継続性や従業員の継続性の有無、⑤合併により引き継がれる事業自体の価値と未処理欠損金額との多寡、⑥被合併法人と合併法人の事業規模の違いなどの事情を一切問わずに）、未処理欠損金額の引継ぎを認めるべきものとして定められたとはいえず、特定役員引継要件に形式的に該当する事実があるとしても包括否認規定を適用することは排除されないと解することが相当である。

　以上の点と、上記……で判示したところを総合すれば、施行令112条7項5号が定める特定役員引継要件については、それに形式的に該当する行為又は事実がある場合であっても、それにより課税上の効果を生じさせることが明らかに不当であるという状況が生じる可能性があることを前提に規定されたものであるというべきであるから、組織再編成に係る他の具体的な事情（上記で例示したもののほか、事案によってはそれ以外の事情も含まれ得る。）を総合考慮すると、合併の前後を通じて移転資産に対する支配が継続しているとはいえず、同号の趣旨・目的に明らかに反すると認められるときは、法132条の2の規定に基づき、特定役員への就任を否認することができると解すべきである。

イ．これに対し、原告は、施行令112条7項5号は、特定役員と被合併事業との結び付きを一切要求しておらず、特定役員と被合併

事業との結び付きを認める解釈は認める余地がないと主張し、これに沿うものとして、田中意見書（甲114）がある。

　しかしながら、同号の趣旨は、合併の前後を通じて移転資産に対する支配が継続していると評価できる場合には、未処理欠損金額の引継ぎを認めても課税上の弊害が少ないことから、引継ぎを認めることとしたものであり、同号の定める特定役員引継要件は、合併の前後を通じて移転資産に対する支配が継続していると評価するための指標として定められたものであると解すべきことは上記アで判示したとおりである。これと異なる原告の上記主張は採用することができない。

　また、原告は、法57条３項及び施行令112条７項５号のような個別否認規定（租税回避行為の防止規定）は、租税回避行為を防止するために、立法者が様々な政策判断の結果として設定した要件を規定するものであるから、課税要件を充足しないため否認できない取引に対して、重ねて包括的否認規定を適用し、当該取引を税務上否認することは許されないというべきであると主張する。

　この点、確かに、個別否認規定が定める要件の中には、法57条３項が定める５年の要件など、未処理欠損金額の引継ぎを認めるか否かについての基本的な条件となるものであって、当該要件に形式的に該当する行為又は事実がある場合にはそのとおりに適用することが当該規定の趣旨・目的に適うことから、包括的否認規定の適用が想定し難いものも存在することは否定できない。しかしながら、施行令112条７項５号はそれと異なる性格を有するものと解すべきであることは上記アで判示したとおりである。これと異なる原告の上記主張は採用することができない。

　さらに、原告は、本件副社長就任のような行為が行われることは予め想定できるにもかかわらず、施行令112条７項５号においてそれが規制されていないとすれば、立法者が規制対象とすべき

ではないという政策判断の下に立法したか、又は立法に至らない点があったかのいずれかであることを意味し、後者の場合、個別否認規定の文言を拡張し又は縮小し書き換える形で法132条の2を適用することは違法であり、納税者にその不利益を帰することは許されない旨主張する。

しかしながら、本件副社長就任のような行為を含む本件における一連の組織再編成が行われる可能性を念頭において特定役員引継要件が設けられたことを認めるに足りる的確な証拠はない。他方、施行令112条7項5号が定める特定役員引継要件を形式的に適用するだけでは課税の公平を実現することができないおそれがあるという懸念は本件改正当時から明らかにされていたことは上記アで判示したとおりであること、そして、本件改正では組織再編成を利用した租税回避行為の代表例として未処理欠損金額の引継ぎによるものが念頭に置かれて法132条の2の包括的否認規定が設けられたことは上記……のとおりであることからすると、同条の適用による結果として、施行令112条7項5号が定める要件を形式的に充足する場合にその充足による効果が否定されることになるとしても、これをもって違法であるということはできない。したがって、原告の上記主張は採用することができない。

このように、東京地裁は、「特定役員引継要件は、単に、役員又は特定役員への就任の有無及びその特定資本関係発生等との先後関係のみを問題とするにすぎないものであり、合併の前後を通じて移転資産に対する支配が継続しているか否かの指標として、常に十分にその機能を果たすものとまではいい難い」としたうえで、「共同で事業を営むための適格合併等については、法57条2項により、未処理欠損金額を引き継ぐことが認められているが、その場合は、役員引継要件（原文ママ）のほか、従業者に関する要件、事業の継続に関する要件などの充足が求められているのに（かっこ内省略）、

みなし共同事業要件においては、特定役員引継要件のみで足りることとされ、この点でも具体的事情如何によっては均衡を欠く場合も生じ得ることからすると、特定役員引継要件を形式的に適用するだけでは、課税の公平を実現することができないおそれがあるということができる」とした。このような判旨は、みなし共同事業要件においても従業者引継要件と事業継続要件を課していれば何ら問題がなかったといっているに等しく、立法上の欠陥を挙げているだけのようにも読めてしまうことから、かなり乱暴な理論構成である。また、共同で事業を営むための適格合併[16]に該当するための要件においても、事業規模要件の代替要件として特定役員引継要件が定められており、合併前に特定役員を送り込むという同様の手法が可能であることから、ほとんど理由になっていない。

　この点については、後述するように、東京高裁では、「合併の前後を通じて移転資産に対する支配が継続しているか否か」という形から、「双方の経営者が共同して合併後の事業に参画しており、経営面からみて、合併後も共同で事業が営まれているとみることができるか否か」という形に補正しているものの、立法上の欠陥を包括的租税回避防止規定により納税者に負担させたという形は何ら変わっていない。

　しかしながら、「役員引継要件（原文ママ）の意味するところについては、本件改正当時から、議論の余地が少なからず残されており、単にそれを形式的に満たすだけでは否認される可能性があることが明らかにされていたということができる」とあるように、実務上も、平成13年に組織再編税制が導入されたときに、すでにいわゆる名ばかり役員については、かなり問題視されていた[17]。

---

*16　現行法では「共同で事業を行うための適格合併」に名称変更（法法２十二の八ハ）。以下、本節では、判決文に合わせて「共同で事業を営むための適格合併」という表現を使用する。
*17　例えば、田島龍一・佐藤信祐ほか『組織再編における繰越欠損金の実務Ｑ＆Ａ』89－91頁（中央経済社、平成17年）など。

そのため、本事件を受けて、筆者が真っ先に想像した事実関係は、原告の代表取締役社長であった丙氏にＣの取締役副社長としての実態がなかったというものであり、本判決が公表される前は、事実認定ではなく、包括的租税回避防止規定により争われているらしいという話を聞いて疑問を感じていた。そして、丙氏が専務取締役又は常務取締役ではなく、副社長であったことから、会社法354条に規定する表見代表取締役に該当し、事実認定による否認が困難だったのではないかとも推測していた。しかしながら、後述の判決文は、特定資本関係発生日前までであっても、取締役副社長に就任してからの丙氏の権限及び職責は、非常勤役付取締役の権限及び職責として十分な実態があったと認められ、いわゆる名ばかり役員とは異なっていたことが推測できる内容となっている。そのため、後述するように、東京地裁は、丙氏が名ばかり役員であったとはしていない。

　このように、判決文の内容についてはいろいろと不満があるが、「施行令112条７項５号が定める特定役員引継要件については、それに形式的に該当する行為又は事実がある場合であっても、それにより課税上の効果を生じさせることが明らかに不当であるという状況が生じる可能性があることを前提に規定されたものである」ということを理由として、「合併の前後を通じて移転資産に対する支配が継続しているとはいえず、同号の趣旨・目的に明らかに反すると認められるときは、法132条の２の規定に基づき、特定役員への就任を否認することができると解すべきである」とした点については、本来であれば、立法で整備すべきであるという学術的な批判が想定されるものの、特定役員引継要件を形式的に充たそうとする租税回避が十分に考えられるため、そのような東京地裁の判断に繋がっていくことはわからないでもない。また、この部分についてだけ同意しておけば、これから解説する④の内容を理解するうえで十分であるともいえるため、東京地裁の判断のうち、特定役員引継要件を形

式的に充たす行為は包括的租税回避防止規定の適用対象になる可能性があるという点だけは同意したいと考えている。

〈④本件の組織再編成における不当性要件の充足の有無について〉
　この点についての東京地裁の判断は、本事件の事実認定において極めて重要な内容となっているため、ここではその全文を紹介したい。

【東京地裁の判断】

ア．本件の組織再編成に係る具体的な事情をみると、上記…の認定事実によれば、①Ｃは、データセンター事業を行っていたところ、平成20年３月頃、その設備資金の調達と、未処理欠損金額の有効利用を行うことを目的として、分社を含む株式上場計画を策定したこと〔上記……〕、②これに対し、親会社であるＢは、Ｃには上場するのに適切な企業価値が不足している上、上記計画では未処理欠損金額の一部しか利用できていないとの指摘を行い、財務部において、未処理欠損金額の全額を有効に利用できるよう、Ｂの子会社間における非適格合併等と適格合併を併用した組織再編成（事業譲渡案、単純分社化案等）の手順を案出したこと（同…）、③乙氏（筆者注：原告の取締役会長及びＢの代表取締役社長）は、同年10月中旬頃、上記手順の説明を受けたが、Ｂの子会社間でデータセンターを集約するのではなく、Ｃのデータセンターを原告の自社保有とすることにより原告のインターネットサービスの競争力を向上させることが適切であることなどから、原告にＣを売却すべきであるとの考えを表明し、このことを前提として、Ｂにおいて、原告による本件買収、本件合併などから構成される本件提案を作成したところ、本件提案は、Ｂの資金需要の一助となるものであり、また、Ｃの未処理欠損金額を有効に利用し尽くすことができるものであったこと〔上記……〕、④Ｂは、原告に対し、

同月27日、本件提案を行い、原告は、これを受けて、従前の方針を転換してデータセンターを自社保有するかどうかの検討を開始したこと（同…）、⑤丙氏は、乙氏から、同年11月27日、Cの取締役副社長に就任するように依頼を受け、これを了解し、丁氏（筆者注：Cの代表取締役）も、同年12月10日頃、丙氏がCの取締役副社長に就任することを了解したこと、そして、丙氏は、同月26日、Cの副社長に就任したところ、これにより、本件合併において原告がCの未処理欠損金額を引き継ぐために充足することが必要な特定役員引継要件を満たし得る状態となったこと、他方、丁氏やO氏（筆者注：Cの取締役）については、当時、原告の役員に就任する事業上の必要性がないとされ、本件合併直後に原告の取締役となることは予定されていなかったこと〔上記……〕、⑥丙氏は、副社長就任後、本件提案の内容に沿って、Cに関する職務を一定程度遂行したこと（同…）、⑦乙氏は、平成21年1月15日、本件買収におけるBとしての最低譲渡価額が450億円であることを伝え、同月中には、B及び原告の双方の取締役会で本件提案についての詳細な検討が行われ、丙氏は、同月30日頃までには、本件買収及び本件合併を行う意思を固めつつあったこと（同…）、⑧同年2月2日に効力を生じた本件分割により、Cは、データセンターを構成する不動産やそれに関連する契約上の地位の主体となり、データセンターの営業や開発はGが担うこととなり、Cの従業員は全てGに雇用されることとなったこと（同…）、⑨原告は、同月24日、C株式の譲渡を受け、本件買収を行ったところ、原告とBとの間において、本件買収金額450億円のうち200億円は繰越決算金（原文ママ）の価値と認識されていたこと（同……）、⑩さらに、原告は、同年3月30日、本件合併を行い、Cの権利義務を全部承継したが、丁氏やO氏は原告の取締役に就任することはなく、データセンターに関する設備投資案件についてのGの権限も限定されることとなったこと（同…）が認められる。

イ．以上で認定した本件の組織再編成に係る具体的な事情を検討すると、以下の点を指摘することができる。

　まず、特定役員引継要件（施行令112条7項5号）の観点からみると、①丙氏が副社長に就任してから本件買収により特定資本関係が発生するに至るまでの期間はわずか約2か月であり、極めて短い。また、②丙氏がCの副社長に就任したのは本件買収及び本件合併に係る本件提案を受けた後であること、丙氏がCの副社長として実際に行った職務の内容は本件提案に沿ったものであり、本件提案と離れて、Cにおける従来のデータセンター事業に固有の業務に関与していたとは認められないこと、丙氏は、副社長就任の約1か月後には本件買収及び本件合併を行う意思を固めつつあったことに照らすと、丙氏は、上記の2か月の間、本件買収後に予定されていた事業の経営とは無関係に、Cの従来のデータセンター事業に固有の経営に関与していたと評価することはできない。③他方、Cがデータセンター事業を開始して以来、Cの経営を担ってきた丁氏などの役員は、いずれも、本件合併後、原告の役員には就任することが予定されておらず、原告の役員に就任する事業上の必要性がないとされ、実際にも就任せず、データセンターの設備投資に関する権限も縮小されたことが認められる。以上の諸点からすると、本件においては、特定役員引継要件が形式的には充足されてはいるものの、役員の去就という観点からみて、「合併の前後を通じて移転資産に対する支配が継続している」という状況があるとはいえず、施行令112条7項5号が設けられた趣旨に全く反する状態となっていることは明らかである。

　また、法57条3項にいう「共同で事業を営むための適格合併等（筆者注：現行法では「共同事業を行うための適格合併等」に名称変更）」に当たるとされる施行令112条7項の2号から4号までとの関係でみると、④本件合併により原告が承継したのは、本件

分割後のＣであるところ、承継された資産等の内容は、データセンターを構成する不動産やそれに関連する契約上の地位に限られ、従業員との契約は承継されず、営業・開発部門もないものであることからすると、本件合併により、本件分割前のＣが従来行っていたデータセンター事業が事業として承継された（すなわち、その経済実態に変更がない）とみることは困難である。また、⑤本件買収の対価は450億円であるところ、そのうちの200億円が未処理欠損金額の価値とされるものであって、事業自体の価値とはいえない部分が約半分を占めるものである。さらに、⑥原告とＣとでは、企業規模に大きな差があり、資本金で70倍以上、営業利益で50倍以上、売上高で20倍以上の格差があって、共同の事業を営むための適格合併等において求められる規模要件（施行令112条７項２号）を満たしようもない状況にある。以上の諸点からすると、本件合併は、その実質において、共同で事業を営むためのものとはいえず、単なる資産の売買にとどまるものと評価することが妥当なものであって、法57条３項にいう「共同で事業を営むための適格合併等」としての性格が極めて希薄であることが明らかであるといわざるを得ない。

　加えて、⑦本件合併を含む本件提案は、その出発点において、Ｃの未処理欠損金額を余すことなく処理することを１つの目的にしたものであること、⑧本件合併に当たり、原告とＢとの間では、税務上、本件合併により未処理欠損金額の引継ぎが認められるかどうかについて明示的な検討が行われ、取引に係る契約書のほかに、差入書が作成されて、未処理欠損金額の引継ぎが認められない場合の対処方法が合意されていたことに照らすと、原告とＢにおいては、未処理欠損金額の引継ぎが認められない可能性が相当程度あることを認識していたということができる。

　以上のような本件における諸事情を総合勘案すると、本件副社長就任は、特定役員引継要件を形式的に充足するものではあるも

のの、それによる税負担減少効果を容認することは、特定役員引継要件を定めた施行令112条7項5号が設けられた趣旨・目的に反することが明らかであり、また、本件副社長就任を含む組織再編成行為全体をみても、法57条3項が設けられた趣旨・目的に反することが明らかであるということができる。したがって、本件副社長就任は、法132条の2にいう「法人税の負担を不当に減少させる結果となると認められるもの」に該当すると解することが相当である。

ウ．これに対し、原告は、上記イ②の点に関し、丙氏はCの副社長に就任した後、Cの事業に係る職務を行っていたものであると主張し、これに沿う証人丙の供述部分がある。

確かに、丙氏の副社長としての職務は、本件合併後に予定されている原告とC（G）との事業に向けられたものであり、Cの従来のデータセンター事業もそのうちの1つに含まれるから、その意味において、Cの事業に係る職務を行っていたということは可能である。しかしながら、上記のとおり、丙氏は、本件提案を受けた後に副社長に就任しており、副社長に就任してから約1か月後には本件合併を行う意思を固めつつあったこと、原告が本件買収を行う主要な事業目的のうちの1つはデータセンターを原告の自社保有して（原文ママ）コスト削減を行うことであったこと、当時のCの資産のうちデータセンターについては本件合併により原告の資産となることが予定されていたことを総合勘案すると、丙氏の副社長としての職務の実質は、Cにおける従来のデータセンター事業の経営を行うものとはいえず、丙氏が本件買収の前にCの副社長に就任したとしても、合併の前後を通じて従来のデータセンター事業に対する支配の継続があると評価することはできないといわざるを得ない。したがって、丙氏がCの事業に係る職務を行っていたといえるとしても、そのことは、施行令112条7項5号が設けられた趣旨に全く反するという上記の判断を左右す

るものではない。したがって、原告の上記主張は採用することができない。

　また、原告は、上記イ⑥の点に関連して、本件においては施行令112条7項2号の規模要件は一切関係がないと主張する。しかしながら、上記……で判示したとおり、同項5号の特定役員引継要件に関して法132条の2を適用する場合、組織再編成に係る他の具体的な事情を考慮すべきであるところ、法57条3項にいう「共同で事業を営むための適格合併等」が問題となっている本件では、施行令112条7項の他の号の定める要件の充足状況についても上記の具体的な事情として考慮することが適切であるということができる。したがって、原告の上記主張は採用することができない。

　このように、東京地裁は、丙氏が取締役副社長としての実態を備えていなかったという判断や丙氏による取締役副社長就任の経済合理性がなかったという判断を行わず、「本件副社長就任は、特定役員引継要件を形式的に充足するものではあるものの、それによる税負担減少効果を容認することは、特定役員引継要件を定めた施行令112条7項5号が設けられた趣旨・目的に反することが明らかであり、また、本件副社長就任を含む組織再編成行為全体をみても、法57条3項が設けられた趣旨・目的に反することが明らかであるということができる」という判断により、包括的租税回避防止規定の適用を行っている。

　しかしながら、そのための事実認定として、上記イにおいては、①副社長に就任してから本件買収により特定資本関係が発生するに至るまでの期間はわずか約2か月であり、極めて短い、②副社長に就任したのは本件買収及び本件合併に係る本件提案を受けた後であり、副社長としての職務の内容は本件提案に沿ったものである、③Cの経営を担ってきた丁氏などの役員は、いずれも、本件合併後、原告の役員には就任していない、としている。このうち、③につい

ては、１人の特定役員の就任のみで特定役員引継要件を充たせるという制度になっていることから、他の役員の未就任を問題とすべきでなく、補足的な内容であると考えるべきであろう。

　また、④から⑥までの内容については、そもそも事業規模要件を充たさない合併に対して特定役員引継要件が認められていることから、「組織再編成に係る他の具体的な事情を考慮すべき」であるとしているものの、事業規模要件と比較することについては、それほど重要な意味は存在せず、どちらかというとこれらも補足的なものであると考えるべきである。さらに、⑦未処理欠損金額を利用しようとした意図があったこと、⑧未処理欠損金額の引継ぎが認められない可能性を原告及びＢが認識していた可能性が指摘されているが、⑦については、最高裁判決において、税負担減少の意図が租税回避の要件のひとつとされているものの、制度趣旨に反しなかったり、事業目的が十分に認められたりする事案は租税回避に該当しないことから、これだけで否認することはできないのはいうまでもない。⑧については、税務リスクのある箇所について税務意見書が出されていたり、税務リスクがある旨の税理士からのメールがあったりする場合には、税務調査において論点になりやすいのは事実である。しかしながら、それだけで租税回避とすることはできないのは当然であり、その後の東京高裁判決において修正されている。

　このように、本事件では、上記①②の内容が重要であったと考えられる。このうち、②については、本件提案とは無関係な取締役副社長としての職務も執行していたという原告の主張を認めなかったからこそその判断であるが、原告が主張するように、非常勤役付役員の職務執行と常勤役付役員の職務執行を混同したうえで、企業活動の実態に合致しない判断が行われたようにしか思えない。

　そのほか、丙氏が原告の代表取締役社長であっただけでなく、Ｂの取締役であったという事実については、裁判所の判断に影響を与えていないが、Ｂの取締役が完全子会社であるＣの取締役副社長に

就任して、取締役副社長としての職務執行を行うことは何ら不自然なことではない。そして、親会社の取締役としての子会社に対する監督責任を考えると、Cの取締役副社長に就任する前であっても、Cの親会社の取締役として被合併事業を体現していたということもできる。さらに、Bの取締役の中で、Cの事業に最も詳しい者であったという原告の主張からも、組織再編税制の趣旨・目的に反することは、それほど明らかであると断言できるものでもない*18。

そればかりでなく、「丙氏は、本件提案を受けた後に副社長に就任しており、副社長に就任してから約1か月後には本件合併を行う意思を固めつつあった」と認定している。これは、逆にいえば、取締役副社長に就任してから約1か月間は本件買収及び本件合併を行う意思は固まっていなかったともいえるため、未処理欠損金額を引き継ぐためだけに取締役副社長に就任したという事実認定には無理がある。それでもなお、移転資産に対する支配が継続していないという事実認定を行いたい気持ちはわからないでもないが、少なくとも、現在の理論構成のままではやや乱暴であるといわざるを得ない。

そうなってくると、制度趣旨を踏まえた判断といいながらも、わずかな期間における取締役副社長への就任という不自然さが東京地裁判決の決め手になったという点は否定できないと思われる。

なお、上記の点については、東京高裁で大幅に補正されている*19。

---

*18　異なる視点からではあるが、髙橋貴美子「ヤフー事件」税務弘報62巻9号96頁（平成26年）においても、「本件合併が施行令112条7項5号及び法57条3項が設けられた趣旨・目的に反するか否かは、裁判所（筆者注：東京地裁）が言うほど『明らか』ではないものと考える」という指摘がなされている。
*19　太田洋「ヤフー事件控訴審判決の分析と検討」税務弘報63巻3号34-37頁（平成27年）参照。

6 平成13年版改正税法のすべて

　平成13年度税制改正により組織再編税制が導入されたときに、包括的租税回避防止規定も同時に導入された。包括的租税回避防止規定が導入された趣旨については、朝長英樹ほか「法人税法の改正」『平成13年版改正税法のすべて』243－244頁（大蔵財務協会、平成13年）において、以下のように記載されている。

「7　租税回避行為の防止

　従来、合併や現物出資については、税制上、その問題点が多数指摘されてきましたが、近年の企業組織法制の大幅な緩和に伴って組織再編成の形態や方法は相当に多様となっており、組織再編成を利用する複雑、かつ、巧妙な租税回避行為が増加するおそれがあります。

　組織再編成を利用した租税回避行為の例として、次のようなものが考えられます。

・繰越欠損金や含み損のある会社を買収し、その繰越欠損金や含み損を利用するために組織再編成を行う。

・複数の組織再編成を段階的に組み合わせることなどにより、課税を受けることなく、実質的な法人の資産譲渡や株主の株式譲渡を行う。

・相手先法人の税額控除枠や各種実績率を利用する目的で、組織再編成を行う。

・株式の譲渡損を計上したり、株式の評価を下げるために、分割等を行う。

　このうち、繰越欠損金や含み損を利用した租税回避行為に対しては、個別に防止規定（法法57③、⑥〔筆者注：現法法57③、④〕、62の7）が設けられていますが、これらの組織再編成を利用した租

税回避行為は、上記のようなものに止まらず、その行為の形態や方法が相当に多様なものとなると考えられることから、これに適正な課税を行うことができるように包括的な組織再編成に係る租税回避防止規定が設けられました（法法132の２）」。

　すなわち、包括的租税回避防止規定は、組織再編税制が比較的新しい制度であり、多種多様な租税回避が行われるおそれがあることから、それを防止するために設けられた制度であるといわれている。この点については争われておらず、むしろ当然の前提となっている。

7　朝長鑑定

(1)　概　要

　本事件において、東京地裁に朝長英樹氏が提出した鑑定意見書は、平成23年10月18日に提出したものと平成24年７月12日に補充意見書として提出したものの２つが存在する。さらに、別訴においてIDCFが計上した資産調整勘定について争われた事件に対しても、平成24年５月14日に鑑定意見書を提出している[20]。

　朝長英樹氏は、財務省主税局に勤務していたときに組織再編税制の企画・立案及び法令の条文作成に関与していたため、これらの鑑定意見書は中立的な立場で書かれたものであると思われるのかもしれないが、被告である国側の依頼に応じて書かれたものであることから、国側の主張に沿った内容となっている。例えば、後述するよ

---

*20　これらの鑑定意見書は、朝長英樹『組織再編成をめぐる包括否認と税務訴訟』325−475頁（清文社、平成26年）に掲載されている。なお、平成23年10月18日付鑑定意見書については、同書325頁に記載されている鑑定意見書の本文における日付が平成23年10月18日となっているのに対し、目次及び同書323頁における日付が平成23年10月28日となっている。なお、ここでは同書325頁に記載されている日付が正しいものと仮定している。

うに、これらの鑑定意見書に書かれている立案過程には、他の財務省主税局ＯＢの発言と整合性が取れないものもあることから、その内容の真実性に疑念を抱く税務専門家も少なくない。そのため、これらの鑑定意見書に書かれている内容は、財務省主税局の公式見解とは異なる可能性があるという前提で読み解いていく必要がある。なお、以下では、鑑定意見書内の下線及び傍点は省略している。

(2)　平成23年10月18日付鑑定意見書

　平成23年10月18日に提出された鑑定意見書の目次は、以下のようになっている。

【目次】

第1　はじめに

第2　関係法令の解釈

　1　法人税法施行令112条7項5号（筆者注：現施行令112条3項5号）の解釈

　⑴　法人税法施行令112条7項の概要

　⑵　1号及び2号から4号までの解釈

　⑶　5号の解釈

　2　法人税法132条の2の「その法人の行為又は計算」の解釈

　⑴　法人税法132条の2の概要

　⑵　「その法人の行為又は計算」の解釈

第3　副社長就任行為に対する法人税法132条の2の適用

第4　結び

　このうち、本書では、「法人税法施行令112条7項5号の解釈（第2.1）」「副社長就任行為に対する法人税法132条の2の適用（第3）」を主要な論点として取り上げることとする。

①　法人税法施行令112条7項5号の解釈

　本鑑定意見書では、みなし共同事業要件と共同事業要件（共同事業を営むための適格合併に該当するための要件）の比較が行われている。

　具体的には、「繰越欠損金について、他の法人において損金の額に算入することを認めるという場合には、自ずと、当該法人が営んできたその事業の状態がそのまま当該他の法人に引き継がれることを求めることとせざるを得ない」としたうえで、「適格判定に関する共同事業要件においては、組織再編成前の期間と組織再編成以後の期間の二つの期間について過去の事業の状態の継続性を考えればよいわけであるが、これに対して、欠損金の引継ぎに関するみなし共同事業要件においては、特定資本関係の発生前の期間、特定資本関係の発生から組織再編成の前までの期間、そして、組織再編成以後の期間という三つの期間において過去の事業の状態の継続性を考える必要がある」と記載されている。

　このように、本鑑定意見書では、制度趣旨を考慮すると、特定資本関係の発生前の事業が特定資本関係の発生から組織再編成の前までの期間及び組織再編成以後の期間において引き継がれていることが必要になると記載されている。たしかに、特定役員引継要件の判定は、共同事業要件では、組織再編成前の特定役員が組織再編成以後に引き継がれているかどうかにより行われるが、みなし共同事業要件では、特定資本関係発生日前の役員であることも要件となっている。そのため、上記の制度趣旨は、組織再編税制の専門家の中では異論がないと思われる。

　さらに、本鑑定意見書は、みなし共同事業要件の個別の要件についても解説がなされており、その内容としては、(ⅰ)「特定役員」、(ⅱ)「特定役員」の就任時期、(ⅲ)「特定役員」の在任期間の3つに分かれている。

(i) 「特定役員」

　本鑑定意見書では、「社長、副社長、代表取締役、代表執行役、専務取締役若しくは常務取締役」の定義に、「常務に従事」といった文言や「経営に従事」という文言が付されていない点について、「常務取締役以上の役員に関しては、通常、常務に従事し、経営に従事することとなっているため、そのような理解の下に『特定役員』の上記の定義が設けられており、基本的には、『特定役員』が常務に従事していなかったり経営に従事していないという状態は予定されていない」と解説されている。この点につき、「常務に従事」という文言については、専属たる役員である必要まではないと考えられる。なぜなら、役員たる職務は時間の切り売りではなく、委任契約に基づき、株主から期待されている成果を達成することであるため、週に1日程度の出勤であったとしても、その職務の執行に支障がないのであれば、特段問題視すべきでないからである。とりわけ、非上場会社においては、複数社の代表取締役社長を兼務している者も少なからず存在し、事業関連性要件の事業の定義において、「役員にあつては、その法人の業務に専ら従事するものに限る（法規3①一ロ）」とされているものとは同等に捉えるべきではないと考えられる。

(ii) 「特定役員」の就任時期

　本鑑定意見書では、特定役員引継要件について、双方の規模が異なる場合であっても被合併法人と合併法人の特定役員が適格合併の後に特定役員であり続けるのであれば、共同で事業を営む状態となると考えてもよいという制度趣旨に鑑みれば、その特定役員は、特定資本関係発生日前に「常務」に従事していた役員とする必要がある旨が記載されている。合併法人に引き継ぐべき合併前の特定役員は、特定資本関係発生日前に「特定役員」である必要はなく「役員」であれば足りるにもかかわらず、「常務」という意味まで持たせる

ことは、条文の解釈としては行き過ぎであると思われるが、そのいわんとすることはわからないでもない。

さらに、本事件を想定した内容として、「その役員が他の法人において常務に従事することとなっていなかったり経営に従事することとなっていない場合には、50％以下の資本関係にある法人間であっても、グループ内の法人の役員がそのグループ内の他の法人の役員に就任するといったことが、大きな困難を伴わずに行い得る状態となっているときがある」「そのような状態にあることを奇貨として、この法人税法施行令112条7項5号の要件を満たす目的のために、特定資本関係の発生前に、合併法人等となる法人の役員を被合併法人等となる法人の役員に就任させるといったことを行うとすれば、同号の潜脱行為との指摘を受けることとなることは、言を俟たない」と記載されている。このように、原告、B及びCがBグループに属する法人であることから、「50％以下の資本関係にある法人間であっても」と記載されているが、これは、特定資本関係発生日前に丙氏がCにおいて「常務」に従事しておらず、かつ、「経営」にも従事していないことが前提となっている。しかしながら、丙氏は、特定資本関係発生日前に「常務」には従事していなかったのかもしれないが、「経営」に従事していたということはでき、Cの100％親会社であるBの取締役でもあったという立場からすると、むしろ自然なことであったと考えられる。

(iii) 「特定役員」の在任期間

まず、朝長英樹『企業組織再編成に係る税制についての講演録集』90頁（日本租税研究協会、平成13年）の適格分割における特定役員引継要件に関する質疑応答において、「課税の特例の適用を受けるために、短期間だけ役員にするといったような不自然、不合理なものは別にして」と記載されている点が紹介されている。

そして、実務上も、特定資本関係発生日の直前や合併の直後に短

期間だけ特定役員に就任させようとする行為が租税回避に該当するのではないかという疑念が生じることがある。なぜなら、そのような行為を行う場合には、特定役員としての権限や責任が与えられていることは考えにくく、事実認定による否認を受ける可能性が十分に考えられるからである。これに対し、本事件では、副社長としての権限や責任を与えられていたことから、事実認定による否認が困難であり、租税回避として否認するためには、包括的租税回避防止規定によらざるを得なかったという特殊性を有している。

この点について、本鑑定意見書では、「その者がその法人の役員となったということであれば、その者がその職責を十分に果たして経営に貢献すべきことは当然であり、これは、税務上の判断の如何とは、何ら関係がない」「法人税法施行令112条7項5号に定めた要件を外形的に満たす目的のために『短期間』だけ特定役員となったということであれば、そのような不自然、不合理な行為をそのまま容認することはできない、ということにならざるを得ない」と記載されている。このように、その対象が原告の主張とは異なるとはいえ、本鑑定意見書でも「不自然」「不合理」という文言が使われている。すなわち、「不自然」「不合理」という文言をほとんど使わずに被告を勝訴させた東京地裁判決とは、否認のための論理がやや異なっていることがわかる。

なお、「職責を十分に果たして経営に貢献」したとしても、「税務上の判断の如何」とは何ら関係がないという点については、包括的租税回避防止規定の解釈からすると問題があったと考えられる。なぜなら、Cの取締役副社長に就任した丙氏がCの100％親会社であるBの取締役であったことを理由として、「職責を十分に果たして経営に貢献」できる環境にあったというのを十分に考慮すべきだからである。すなわち、本事件では、丙氏が副社長に就任したことに事業上の目的は認められないのかもしれないが、丙氏が「被合併法人の事業を体現する者」ではなかったとまではいい難い。そのため、

「職責を十分に果たして経営に貢献」したとしても「税務上の判断の如何」とは何ら関係がない、とするのではなく、「職責を十分に果たして経営に貢献」したとしても丙氏が副社長に就任したことが「不自然」「不合理」であった、と認定できるだけの事実を丁寧に積み上げていく必要があったと考えられる。

② 副社長就任行為に対する法人税法132条の2の適用

まず、「確かに、ある法人の役員等が他の法人の役員等となってその事業の建直しのために奮闘し、後に、それらの法人が合併をすることとなる、といった例も一部には見受けられるところであり、また、特定資本関係が発生した後の株主総会において合併法人となる法人の役員等が被合併法人となる法人の役員に就任するといった例は、少なからず見受けられるところである」と記載されていることから、事前に役員を送り込むすべての事案に対して包括的租税回避防止規定が適用されるわけではなく、前述4で紹介したような事案に対しては、同規定は適用されないことがわかる。

これに対し、本事件では、「特定資本関係の発生直前にIDCS（筆者注：C）の副社長に就任する行為については、法人税法施行令112条7項5号の要件を形式的に満たす目的のために行われたとの疑いを持たれることは避けられない」としたうえで、「IDCSの固有の事業を体現する者となったとは言い難い」という記載がなされている。しかしながら、「法人税法施行令112条7項5号の要件を形式的に満たす目的のために行われたとの疑い」に過ぎないもので包括的租税回避防止規定を適用するというのは、租税法律主義の観点からすると、理由として不十分であると考えられる。

さらに、「特定資本関係の発生以後」の積極的な関与についても、「引継ぎを肯定するための材料とはなり難い」とされているが、本事件では、特定資本関係発生前の積極的な関与についても推認できる事実関係が存在することから、被告の勝訴のためには異なる理論

構成が必要となってくる。

　なお、本意見書の「第4　結び」では、「事業目的が存在して要件さえ形式的に満たしていれば全てが容認されるというわけではない」と述べられている。これは、誰しもが同意する点であり、僅かな事業目的をことさらに主張することの意義はそれほど大きくはない。この点については、東京地裁判決には繋がっていかなかったものの、東京高裁判決には繋がったものと考えられる。

(3)　平成24年5月14日付鑑定意見書

　平成24年5月14日に提出された鑑定意見書の目次は、以下のようになっている。

【目次】
第1　はじめに
第2　完全支配関係継続要件における「継続することが見込まれている」の解釈
第3　法人税法第132条の2の解釈
　1　法人税法第132条の2の創設の背景と創設趣旨
　　(1)　創設の背景
　　(2)　創設趣旨
　2　法人税法第132条の2の「その法人の行為又は計算」の解釈
　　(1)　「その法人」
　　(2)　「行為又は計算」
　　(3)　「その法人に係る法人税の課税標準若しくは欠損金額又は法人税の額」の中の「その法人」の解釈
　3　法人税法第132条の2の「法人税の負担を不当に減少させる」の解釈
　　(1)　「法人税の負担を不当に減少させる」という文言の解釈のあり方の確認

⑵　「法人税の負担を不当に減少させる」の解釈
第4　「適格外し」への法人税法第132条の2の適用

　本鑑定意見書は、ヤフー事件ではなく、IDCF事件のために提出されたものであるため、直接的に本事件への影響があるものではない。しかしながら、ヤフー事件とIDCF事件は一体として争われたものであり、その結果、「法人税法第132条の2の解釈（第3）」については本事件への影響も考えられることから、本書ではこの点についてのみ解説を行うこととする。

　まず、本鑑定意見書では、法人税法132条の2の創設の背景について、「法人税法第132条の2の規定は、第132条第1項の規定とは異なり、各個別制度（第132条の2の規定を適用する前の状態において適用されている各個別規定によって定められている制度をいう。以下、同じ。）の『濫用』や『潜脱』による租税回避を許さない、という観点に立って企画立案を行うこととなった」「法人税法第132条の2の規定の四つの適用例も、当然、第132条第1項の規定のように『経済的合理性』の有無や『事業目的』の有無というような観点から『租税回避』を捉えたものではなく、組織再編成を行った場合に適用されることとなる個別制度を『濫用』したり『潜脱』したりすることによって法人税を減少させるものを『租税回避』と捉えたものとなっている」と記載されている。

　このように、「経済合理性」の有無や「事業目的」の有無ではなく、各個別制度の「濫用」や「潜脱」といったものを租税回避として捉えたという主張がなされているが、本論点における中心的な内容でもあることから、本鑑定意見書の中で様々な場面を想定したうえで、かなり細かく、かつ繰り返し説明されているため、興味がある方は実際の鑑定意見書を参照されたい。

　本鑑定意見書で主張されているように、法人税法132条と想定している場面が異なるということは容易に想像がつくため、「制度の

創設の背景、具体的な趣旨・目的、前提となっている制度、適用の判断基準、適用の仕方など、重要な部分で相違が存在」しているということに異論はない。もちろん、制度濫用論を採用したことにより、租税回避に該当しやすくなっていることから、組織再編税制を適用した場合だけ、租税回避の範囲が広くなる可能性は懸念される。ただ、この点については、**第5節**で紹介するユニバーサルミュージック事件において、包括的租税回避防止規定と同様の考慮事項に基づいて、同族会社等の行為又は計算の否認（法法132）が適用されるかどうかを判定することとされているため、著しく租税回避の範囲が異なるということにはならないであろう。

このように、本鑑定意見書は制度濫用論に基づいて作成されているが、「法人税法第132条の2に関しては、組織再編成において、通常、行われることとなると想定される行為や計算を『自然』『合理的』なものと考え、通常は行われないと想定される行為や計算を『不自然』『不合理』なものと考えて、『不自然』『不合理』な行為又は計算によって法人税の負担を減少させるものが否認する対象となる、と考えられていた」という記述も存在する。すなわち、制度の「濫用」や「潜脱」が行われた場合に、法人税法132条の2に規定する包括的租税回避防止規定が適用されるとしながらも、その判断基準として、「不自然」「不合理」といったものが使われるということがわかる。

さらに、本鑑定意見書では、「『行為又は計算』に関しては、『不自然』であるのか否か、『不合理』であるのか否かということが問題となる。その『行為又は計算』が『不自然』『不合理』ということであれば、それによって法人税の負担が減少していることを確認し、その『不自然』『不合理』な『行為又は計算』によって法人税の負担が減少していることが、その法人税の負担を減少させることとなっている個別規定の趣旨・目的に照らして適当か否かを判断することとなる。そして、その判断が『個別規定の趣旨・目的からす

ると適当でない』ということになれば、『法人税の負担を不当に減少させるもの』となるわけである」と記載されている。

このように、最終的にはヤフー事件が公表される前の経済合理性基準とほとんど変わらないようにも読め、経済合理性基準で判断するのか、制度濫用論で判断するのかという点は、かなりアカデミックな話であるようにも思える。なお、この文章を注意深く読んでみると、不自然・不合理な行為又は計算によって法人税の負担が減少することが制度趣旨に反する場合に、包括的租税回避防止規定が適用されるべきであると書かれている。この考え方は、制度濫用論に重要な影響を与えたものと考えられ、ヤフー事件最高裁判決以降の制度濫用論における不自然・不合理な行為又は計算の有無を制度趣旨を拠り所にして判定するという解釈に繋がっていくのである。ただし、後述の調査官解説によると、①不自然・不合理な行為又は計算の程度が低いと認められる場合、②事業目的が税負担の減少目的よりも上位にあると認められる場合[*21]には、包括的租税回避防止規定が適用されないとされているため、本鑑定意見書の考え方を最高裁がそのまま採用したわけではない。

いずれにしても、行為又は計算が不自然・不合理であるかどうかについて、制度趣旨を拠り所にして判定するということになると、事業目的が十分にあるかどうかだけでなく、制度趣旨に反しないかどうかという点についても、慎重な検討が必要になる。

⑷　平成24年7月12日付鑑定意見書

本鑑定意見書は、平成23年10月18日に提出された鑑定意見書の補充意見書となっており、裁判が進む中で追加的に提出されたもので

---

*21　当然のことながら、事業目的については、「組織再編成の事業目的」や「取締役副社長就任の事業目的」で判断するのではなく、「特定資本関係発生日前に取締役副社長に就任したことの事業目的」で判断する必要がある。

あると推定される。なお、本鑑定意見書の目次は、以下のとおりである。

【目次】

第1　はじめに

第2　法人税法第132条の2の解釈

　1　立法過程において法人税法第132条の2の規定を適用するものと考えられていた「租税回避」

　2　法人税法第132条の2の規定を適用する「租税回避」の特徴

　3　法人税法第132条の2の規定の特徴

第3　本件の全体像

第4　第151回国会衆議院財務金融委員会における尾原主税局長答弁及び国税庁の照会回答事例

　1　第151回国会衆議院財務金融委員会における尾原主税局長答弁

　2　国税庁の照会回答事例

第5　原告の主張に対する見解

　1　税法の解釈の基本姿勢について

　2　我が国の組織再編成税制の基礎理論等について

　3　特定役員引継要件について

　4　法人税法132条の2について

第6　組織再編成税制の企画・立案者としての所見

このように、本鑑定意見書の内容は多岐に渡っており、以下では、この中で重要であると思われる内容について解説を行うこととする。なお、「第151回国会衆議院財務金融委員会における尾原主税局長答弁及び国税庁の照会回答事例（第4）」では、実務家の中でも議論の多い点について答弁又は回答がなされているが、尾原主税局長の答弁は国会での質問に対する回答に過ぎず、また、国税庁の照

会回答事例も想定された質問に対する回答に留まるため、それぞれ網羅性のある回答とはいえない。そのため、これを本事件にそのまま当てはめようとしても、結局は無理のある内容となってしまう。とりわけ尾原主税局長の答弁についての記載は、本事件に類似した質問があった場合を想定したうえで、「尾原主税局長の答弁は、一言一句、違わないものとなった」というバーチャルな話に終始してしまっている[22]。そのため、本書では、「法人税法第132条の２の解釈（第２）」、「本件の全体像（第３）」、「原告の主張に対する見解（第５）」のみを取り上げることとする。

① 法人税法第132条の２の解釈

まず、本鑑定意見書では、立法過程において法人税法132条の２の規定を適用するものと考えられていた「租税回避」について取り上げられているが、これは、朝長英樹ほか「法人税法の改正」『平成13年版改正税法のすべて』243－244頁（大蔵財務協会、平成13年）でまとめられていた内容を詳細に解説しただけなので、ここでは割愛する。

また、本鑑定意見書では、「立法過程における資料には、『事業上の必要性』や『事業上の目的』などがあったとしても、法人税法第

---

*22　この点につき、岡村忠生教授は、「２つの判決は、多くの箇所で、当時財務省主税局において組織再編税制の立案に携わった方の見解に依拠しています。その中には、公的に公表されていたものだけでなく、財務省外で行われた講演の記録のようなものまで含まれています。しかし、他方で、法132条の２の立法理由に関して当時の主税局長が行った国会答弁は全く無視されており、当時の税制調査会委員から提出された意見書についても、具体的内容を取り上げずに、『採用することができない』と一蹴しています。私は、本件は文言解釈により判断することができるので、趣旨・目的に基づく解釈は不要であり、すべきでないと思いますが、もし趣旨を勘案するのであれば、そして、法令以外のソースから趣旨を汲み取るのであれば、より公的な見解、あるいは、組織においてより大きな責任を負う立場にある人の見解を重視すべきであると思います」と批判している（岡村忠生「組織再編成と行為計算否認⑴」税研177号79頁（平成26年）参照）。朝長氏が作成された鑑定意見書において触れられている立案過程には、本鑑定意見書が公表されるまで明らかにされていなかったものも含まれていることを考えると、このような批判は当然である。

132条の２の規定を適用する『租税回避』となるということを示す記述は、数多く存在する」と指摘されているが、そのような記述を発見することはできなかった。むしろ、前述のように、平成20年当時税務大学校研究部教授であった清水一夫氏の論文や、平成23年に開かれた座談会における財務省主税局OBであった佐々木浩氏の発言を考えると、財務省主税局や国税庁において、そのような統一見解は存在しなかったといえる。

ヤフー事件が公表される前の筆者の租税回避についての見解も、わずかな事業目的だけで経済合理性を主張することは認められないとか、経済合理性の判断は制度趣旨を踏まえて判断すべきであるといったものであった。そのため、税負担の減少目的よりも上位にあると認められる事業目的が存在し、かつ、専ら経済人としての見地から見て経済合理性が認められる場合であっても、結果的に制度趣旨に反する形で法人税の負担が減少していたという理由だけで包括的租税回避防止規定が適用できるという解釈にまで至るべきではない。

もちろん、最高裁判決が公表されたことにより、制度濫用論においては、制度趣旨を拠り所として経済合理性の判断をすることになるが、専ら経済人としての見地から見て経済合理性が認められる場合には、不自然・不合理な行為又は計算の程度が低いと認められるため、いずれにしても包括的租税回避防止規定が適用されるべきではないと考えられる。

② 本件の全体像

本鑑定意見書では、本事件の全体像に触れたうえで、「いわゆる"スキームもの"による租税回避においては、そのスキーム中の個々の行為を切り出してみると、その切り出した個々の行為自体には特に税務上の問題点が認められない、という状態となっているのが、通例である」と指摘されている。

ただし、後述するユニバーサルミュージック事件でも、経済合理性を欠くかどうかについては、様々な事情を総合的に考慮するという最高裁の判旨が示されている。そのため、本鑑定意見書が作成された段階では不明瞭であったのかもしれないが、本書校了段階では、同族会社等の行為又は計算の否認においても、包括的租税回避防止規定においても、経済合理性の有無はストラクチャー全体で判断すべきであり、個々の行為だけで判断すべきではないということになる。

　さらに、前述①で述べたように、本鑑定意見書では「『事業上の必要性』や『事業上の目的』などがあったとしても、法人税法第132条の2の規定を適用する『租税回避』となる」と主張されている。しかしながら、この考え方は最高裁において否定されており、事業目的が税負担の減少目的よりも上位にある場合には、包括的租税回避防止規定を適用することができないとされている。

③　原告の主張に対する見解

　本鑑定意見書では、原告の主張に対して見解が述べられており、その主な内容は特定役員引継要件の制度趣旨と包括的租税回避防止規定の射程範囲である。

　このうち、後者については、今までの鑑定意見書の内容を言い換えた内容となっているため、本書では割愛するが、前者について、「被合併法人の特定役員は被合併法人の事業を体現していると認められる者でなければならない」と指摘されている点が特徴的であり、この内容が東京地裁判決に繋がったものと考えられる。

　たしかに制度趣旨を考えれば、取締役副社長としての権限や職責を有していたとしても、事前に送り込まれた役員であるということであれば、被合併法人の事業を体現していないように思えるため、同意できる部分は少なからず存在する。また、制度濫用論では、制度趣旨を拠り所として経済合理性の判断を行うことから、被合併法

人の事業を体現している者なのかどうかという点で経済合理性の判断を行うことについては、それほど違和感のある話ではない。

　しかしながら、前述のように、本事件において送り込まれた取締役副社長は、買収前の被合併法人（Ｃ）の100％親会社であるＢの取締役であり、かつ、合併法人（原告）の代表取締役であったという特殊事情が存在する。すなわち、親会社の取締役である以上、子会社に対する監督責任があることから、被合併法人（子会社）の取締役副社長に就任する前であっても、被合併法人の親会社の取締役として被合併法人の事業を体現しており、特定資本関係発生日前に取締役副社長に就任したとしても、それは変わらないという主張が考えられる。そうなると、本鑑定意見書の内容がすべて正しいと仮定したとしても、納税者が勝訴する余地があったということになる。

8　東京高判平成26年11月５日・TAINSコードＺ264－12563

　東京高裁判決は、以下のように東京地裁判決を補正している。まず、「原判決17頁１・２行目の『提案（本件提案）をした』を『提案（本件提案）をし、そのころ、Ｂにおいて、Ｃの株式譲渡・合併を平成21年３月末までに行う旨の方針を決定した』と改める」としている。この点については、東京地裁判決において、「丙氏は、副社長就任の約１か月後には本件買収及び本件合併を行う意思を固めつつあった」と認定したことに対し、筆者が「逆に言えば、取締役副社長に就任してから１か月間は本件買収及び本件合併を行う意思は固まっていなかったとも言え、繰越欠損金を利用するためだけに取締役副社長に就任したわけでもないという可能性すら存在してしまう」[*23]と指摘した点を覆すものである。東京高裁判決では、丙氏が意思を固めつつあった時期は補正されていないものの、Ｂにおけ

る方針の決定時期を丙氏の副社長就任前であると認定しており、丙氏の副社長就任が特定役員引継要件を満たすためだけの行為であるという印象を強めるものとなっている。

次に、東京地裁判決では「移転資産に対する支配が継続している」という文言が散見されていたが、東京高裁判決では、「双方の経営者が共同して合併後の事業に参画しており、経営面からみて、合併後も共同で事業が営まれているとみることができる」と補正されている。これは、多くの租税法学者から「移転資産に対する支配の継続」という論拠に対する批判[24]があったことを意識したものかどうかは不明であるが、結果的にそのような批判を避ける形の補正となっている。

東京地裁判決は、専ら経済人としての見地から見て経済合理性が認められる場合であっても、結果として制度趣旨に反する形で法人税の負担が減少しているのであれば、包括的租税回避防止規定が適用されてしまうかのような誤解を与えるものであったが、このような補正の結果として、東京高裁判決では、「そして、丙氏が、本件買収前のCを代表して業務上の行為を行ったことを認めるに足りる証拠はなく、本件提案前から本件合併前後を通じて合併法人である控訴人の代表取締役であり、本件副社長就任後のCにおける丙氏の職務内容は、本件提案に沿った本件買収及び本件合併の実現や本件合併後の事業に関するものに限られ、これらの職務内容に関するCの経営判断の形成については、丙氏が本件副社長に就任することなく、本件買収・本件合併の相手方の代表取締役としての上記判示の影響力を行使することによっては、実現に困難があったと認められないばかりでなく、本件副社長就任から本件買収までの期間は2か

---

*23　佐藤信祐「みなし共同事業要件の制度趣旨と包括的租税回避防止規定の適用」税務弘報62巻7号85頁（平成26年）。

*24　岡村前掲（＊22）81-82頁、水野忠恒「東京地裁平成26年3月18日判決（ヤフー事件）の検討－組織再編成と租税回避－」国際税務34巻8号113頁（平成26年）など。

月と短く、非常勤で、代表権も、部下や専任の担当業務もなく、本件買収前のＣの経営に実質的に参画していたものとは認められないのであり、丙氏の本件副社長就任は、Ｃ及び控訴人のいずれにとっても、控訴人の法人税の負担を減少させるという税務上の効果を発生させること以外に、その事業上の必要は認められず、経済的行動としていかにも不自然・不合理なものと認めざるを得ないのであって、本件副社長就任の目的が専ら控訴人の法人税の負担を減少させるという税務上の効果を発生させることにあると認められ、仮に上記目的以外の事業上の目的が全くないとはいえないものと認定する余地があるとしても、その主たる目的が、控訴人の法人税の負担を減少させるという税務上の効果を発生させることにあったことが明らかであると認められることはいずれも前判示のとおりである。これらの点を総合すれば、丙氏が本件買収時にＣの役員であり、本件合併時にその取締役副社長であることによっても、本件合併において、双方の経営者が共同して合併後の事業に参画しており、経営の面からみて、合併後も共同で事業が営まれているとは認められず、Ｃの上記未処理欠損金を控訴人の欠損金とみなしてその損金に算入することは、法57条３項及び施行令112条７項５号が設けられた趣旨・目的に反することが明らかであると認められる」と判示されている。

　これに対し、前述のように、東京地裁判決で「法132条の２が設けられた趣旨、組織再編成の特性、個別規定の性格などに照らせば、同条が定める『法人税の負担を不当に減少させる結果となると認められるもの』とは、(i)法132条と同様に、取引が経済的取引として不合理・不自然である場合〔最高裁昭和50年（行ツ）第15号同52年７月12日第三小法廷判決・裁判集民事121号97頁、最高裁昭和55年（行ツ）第150号同59年10月25日第一小法廷判決・裁判集民事143号75頁参照〕のほか、(ii)組織再編成に係る行為の一部が、組織再編成に係る個別規定の要件を形式的には充足し、当該行為を含む一連の組織

再編成に係る税負担を減少させる効果を有するものの、当該効果を容認することが組織再編税制の趣旨・目的又は当該個別規定の趣旨・目的に反することが明らかであるものも含むと解することが相当である。このように解するときは、組織再編成を構成する個々の行為について個別にみると事業目的がないとはいえないような場合であっても、当該行為又は事実に個別規定を形式的に適用したときにもたらされる税負担減少効果が、組織再編成全体としてみた場合に組織再編税制の趣旨・目的に明らかに反し、又は個々の行為を規律する個別規定の趣旨・目的に明らかに反するときは、上記(ⅱ)に該当するものというべきこととなる」とした点については、「不合理・不自然」という文言を「不自然・不合理」と補正された点を除き、そのまま維持されている。

　それゆえに、専ら経済人としての見地から見て経済合理性が認められる場合であっても、結果として制度趣旨に反する形で法人税の負担が減少しているのであれば、包括的租税回避防止規定が適用されるという解釈もあり得たし、実質的には経済合理性基準とさほど変わらないという解釈もあり得た。

　この点については、最高裁判決の調査官解説が公表された後は、制度趣旨を拠り所として経済合理性の判断をするものの、事業目的が税負担の減少目的よりも上位にある場合には、包括的租税回避防止規定を適用すべきではないという解釈が示されるようになった。そのため、本書校了段階では、専ら経済人としての見地から見て経済合理性が認められる場合には、不自然・不合理な行為若しくは計算の程度が低いという理由又は事業目的が税負担の減少目的よりも上位にあるという理由により、包括的租税回避防止規定を適用すべきではないということになると考えられる。

9 最高裁判決

(1) 判　旨

　最高裁の判旨は、以下のとおりである。最高裁判決であることから、その後の包括的租税回避防止規定の裁判例、裁決例に大きな影響を与えている。

　「組織再編成は、その形態や方法が複雑かつ多様であるため、これを利用する巧妙な租税回避行為が行われやすく、租税回避の手段として濫用されるおそれがあることから、法132条の2は、税負担の公平を維持するため、組織再編成において法人税の負担を不当に減少させる結果となると認められる行為又は計算が行われた場合に、それを正常な行為又は計算に引き直して法人税の更正又は決定を行う権限を税務署長に認めたものと解され、組織再編成に係る租税回避を包括的に防止する規定として設けられたものである。このような同条の趣旨及び目的からすれば、同条にいう『法人税の負担を不当に減少させる結果となると認められるもの』とは、法人の行為又は計算が組織再編成に関する税制（以下「組織再編税制」という。）に係る各規定を租税回避の手段として濫用することにより法人税の負担を減少させるものであることをいうと解すべきであり、その濫用の有無の判断に当たっては、①当該法人の行為又は計算が、通常は想定されない組織再編成の手順や方法に基づいたり、実態とは乖離した形式を作出したりするなど、不自然なものであるかどうか、②税負担の減少以外にそのような行為又は計算を行うことの合理的な理由となる事業目的その他の事由が存在するかどうか等の事情を考慮した上で、当該行為又は計算が、組織再編成を利用して税負担を減少させることを意図したものであって、組織再編税制に係

る各規定の本来の趣旨及び目的から逸脱する態様でその適用を受けるもの又は免れるものと認められるか否かという観点から判断するのが相当である」。

(2) 評釈

　最高裁判決を要約すると、租税回避の定義を組織再編税制に係る規定を濫用することにより法人税の負担を減少させるものとしたうえで、濫用の有無の判断に当たっては、①不自然な行為又は計算であるかどうか、②事業目的が不十分であるかどうか等の事情を考慮したうえで、(A)税負担を減少させることを意図したものであり、かつ、(B)各規定の趣旨及び目的から逸脱すると認められるか否かという観点から判断すべきであるとしている。

　学術的な立場からすると、①不自然な行為又は計算であるかどうか、②事業目的が不十分であるかどうかという点は、その後に「等」が付されていることから、単なる例示であるという考え方もあり得る。そして、これらを考慮したうえで、(A)組織再編成を利用して税負担を減少させることを意図したものであり、かつ、(B)各規定の趣旨及び目的から逸脱すると認められるか否かという観点から判断すべきとしていることから、こちらのほうが重要であるという考え方もまたあり得る。

　この点につき、朝長英樹氏は「『判断に当たって考慮する事情』には、最後に『等』が付されており、①と②は例示となっていますので、さまざまな事情を考慮するべきであるとしていることが分かります」と指摘されており[25]、太田洋弁護士も「上記①と②とは当該行為又は計算が組織再編税制に係る規定を『濫用する』ものか

---

[25]　朝長英樹「ヤフー・IDCF事件は『租税回避』の捉え方をどう変えたか」T&Amaster 634号9頁（平成28年）。

否かを判断するための考慮事由の1つに過ぎないとされており」と指摘されている[26]。

　しかし、文章を書くうえで、このような「等」の使い方をするときは、「等」に該当するものが想定できていないことが多い。もちろん、最高裁としては、今後の下級審に影響を与えることを想定して、「等」という文言を入れることで柔軟な対応ができるようにしたと思われるが、調査官解説において、「制度濫用基準の考え方を基礎としつつも、その実質において、経済合理性基準に係る上記の通説的見解の考え方を取り込んだものと評価することができるように思われる」[27]「本判決は、上記①及び②等の事情を『……考慮した上で』としている。このような言い回しは、濫用の有無の判断に当たっては、上記①及び②等の事情を必ず考慮すべきであるという趣旨が含意されているものと考えられ、更にその趣旨を推し進めると、①行為・計算の不自然性と、②そのような行為・計算を行うことの合理的な理由となる事業目的等の不存在は、単なる考慮事情にとどまるものではなく、実質的には、法132条の2の不当性要件該当性を肯定するために必要な要素であるとみることができるのではなかろうか（例えば、行為・計算の不自然性が全く認められない場合や、そのような行為・計算を行うことの合理的な理由となる事業目的等が十分に存在すると認められる場合には、他の事情を考慮するまでもなく、不当性要件に該当すると判断することは困難であると考えられる〔括弧内省略〕。）」[28]と指摘されたことから、上記①②は単なる例示に留まるものではないと考えられる。

　このように、上記(A)(B)だけでなく、上記①②を含めたうえで包括的租税回避防止規定の検討を行う必要がある。そのため、実務上は、

---

*26　太田洋「ヤフー・IDCF事件最高裁判決の分析と検討」税務弘報64巻6号46頁（平成28年）。

*27　徳地淳ほか「判解」法曹時報69巻5号297頁（平成29年）。

*28　徳地ほか前掲（*27）299頁。

税負担の減少の事実を確認したうえで、下記の４つを総合的に勘案しながら包括的租税回避防止規定の適用可能性について検討すべきであると考えられる[*29]。

 (i) 税負担の減少の意図

 (ii) 制度趣旨及び目的からの逸脱

 (iii) 不自然な行為又は計算の有無

 (iv) 十分な事業目的の有無

 同調査官解説では、(i)税負担の減少の意図が挙げられている理由として、「制度の濫用と評価するためには行為者に一定の主観的要素が必要であるとの常識的な考え方を基礎として、租税回避の意図を要求したものと考えられる」[*30]としている。そして、「法人の行為・計算が不自然であり、かつ、そのような行為・計算を行うことの合理的な理由となる事業目的等が存在しない場合には、上記の租税回避の意図の存在を推認し得るのが通常であると解され」[*31]るとしたうえで、「担当者の供述や電子メールなどといったこれを直接立証し得る証拠が必要となるわけではない」[*32]としている。

 しかし、その後のTPR事件では、税負担を減少させる意図があったという証拠のひとつとして、電子メールが挙げられていた。もち

[*29] TPR事件に係る東京国税不服審判所裁決平成28年７月７日・TAINSコードＦ０－２－672における原処分庁の主張では、①本件一連の行為が不自然なものであることについて、②税負担の減少以外に本件一連の行為を行うことの合理的な理由となる事業目的その他の事情が存在しないことについて、③本件一連の行為が、組織再編成を利用して税負担を減少させることを意図したものであることについて、④本件合併により請求人が████の未処理欠損金額を引き継ぐことは、法人税法第57条第２項の本来の趣旨及び目的から逸脱する態様でその適用を受けるものであることについて、がそれぞれ主張されている。これらを要約すれば、①不自然な行為又は計算の有無、②十分な事業目的の有無、③税負担の減少の意図、④制度趣旨及び目的からの逸脱となり、上記(i)〜(iv)を総合的に勘案して、包括的租税回避防止規定の検討を行っていることがわかる。

[*30] 徳地ほか前掲（＊27）300頁。

[*31] 徳地ほか前掲（＊27）301頁。

[*32] 徳地ほか前掲（＊27）301頁。

ろん、ヤフー事件及びTPR事件は、電子メールが証拠として挙げられなかったとしても、似たような結論になったと思われる。しかしながら、近年の税務調査では、税負担減少の意図を探るために、電子メールの閲覧や関係者への質問が行われやすいという傾向があり、税負担減少の意図を過度に探ろうという風潮が見受けられる。

　この点、上記の最高裁判決では、税負担減少の意図とは、「税負担が減少することを知っていた」「組織再編成を行うに際し、税負担を減少させようとした」といったものではなく、不自然な行為又は計算が行われ、かつ、税負担の減少目的以外の事業目的が十分に認められないことが前提であることがわかる。そして、調査官解説でも「組織再編成を利用して税負担を減少させることを意図したものであること（租税回避の意図）」[*33]と表記されていることから、最高裁判決における「税負担減少の意図」とは「租税回避の意図」を意味することがわかる。

　つまり、調査官解説では、不自然な行為又は計算が行われ、かつ、税負担の減少目的以外の事業目的が十分に認められない場合には、税負担減少の意図が推定され、その結果、組織再編税制に係る各規定の本来の趣旨及び目的から逸脱するものを租税回避としているのであって、電子メールの閲覧や関係者への質問により税負担減少の意図を検証していくことは要求していない。しかしながら、税務調査では、税負担減少の意図のことを「税負担が減少することを知っていた」又は「組織再編成を行うに際し、税負担を減少させようとした」ことと誤解している調査官がいるようであるし、「税負担減少の意図」の本来の意味を議論しても、不毛な時間を費やすことになるため、他の三要件で税務調査に対応していくことが正しい対応の仕方であると考えられる。

　そのため、他の三要件について検討すると、同調査官解説では、「行

---

*33　徳地ほか前掲（*27）300頁。

為・計算の不自然さ（異常性・変則性）の程度との比較や税負担の減少目的と事業目的との主従関係等に鑑み、行為・計算の合理性を説明するに足りる程度の事業目的等が存在するかどうかという点を考慮する上記…の考え方を採用する旨を明らかにするものと考えられよう」[34]とも指摘されている。

　すなわち、行為又は計算が不自然であるかどうかは、その程度が問題となるのであり、わずかな不自然さを理由として、包括的租税回避防止規定を適用することはできないことがわかる。さらに、事業目的があればよいというわけではなく、事業目的が税負担の減少目的に比べて同等以上であると認められるかどうかにより、包括的租税回避防止規定が適用されるかどうかが判断されることになる。

　ここをさらに読み解いていくと、まず、行為又は計算が不自然なものであるかどうかについては、制度趣旨を拠り所にして判断することになる[35]。すなわち、租税法規が予定している行為又は計算を自然なものとし、租税法規が予定していない行為又は計算を不自然なものとしているのである。そして、そのような不自然な行為又は計算が行われたことについての合理的な事業目的があるかどうかを判断することになるのである。

　つまり、制度趣旨に反するかどうかという点と不自然であるかどうかという点は、ほぼ一体的に検討されることが多いと思われるが、その制度趣旨が明らかでない場合には、これを拠り所とせずに不自然かどうかを判断せざるを得ない[36]。ただし、制度趣旨を拠り所とせずに不自然であると判断できる事案はそれほど多くはないと考

---

[34]　徳地ほか前掲（[27]）298頁。
[35]　北村導人ほか「ユニバーサルミュージック事件にみる行為計算否認規定の適否に関する留意点（下）」旬刊経理情報1650号41頁（令和4年）、山口亮子「ユニバーサルミュージック事件最高裁判決」ビジネス法務22巻10号130頁（令和4年）、谷口勢津夫「谷口教授と学ぶ税法基本判例【第22回】「個別分野別不当性要件の統一的解釈」－ヤフー事件最判とユニバーサルミュージック事件最判－」Profession Journal 504号（令和5年）をそれぞれ参照されたい。

えられる。そして、たとえ制度趣旨に反すると判断できたとしても、包括的租税回避防止規定を適用しなければならないほどの看過できない不自然さがあると断定できないこともある。一般的に、専ら経済人としての見地から見て経済合理性が認められる取引を行った結果、制度趣旨に反することになった場合には、不自然さの程度が低いと判断されるか、不自然な行為又は計算を行うことの合理的な理由となる事業目的があると判断されることになると考えられる。

なお、不自然さの程度が高いかどうかという点についても、事業目的と税負担の減少目的のいずれが主目的なのかという点についても、強い事業目的を示す明確な証拠がある場合を除き、水掛け論に陥りやすいという問題がある。そのため、実務上、租税回避として認定されないためには、制度趣旨に反していないかどうか、事業目的が主目的であるという強い証拠があるかどうかについて、組織再編成を行う前に慎重に検討しておく必要がある。

10　小　括

このように、ヤフー事件では、(i)税負担の減少の意図、(ii)制度趣旨及び目的からの逸脱、(iii)不自然な行為又は計算の有無、(iv)十分な事業目的の有無を総合勘案しながら、包括的租税回避防止規定の検討が行われることが明らかにされ、その後のTPR事件以降も同様の判断が行われている。

ヤフー事件により、(イ)包括的租税回避防止規定の検討がどのように行われるのかという点と、(ロ)副社長を買収前に送り込むといったわかりやすい行為に対しては、制度趣旨に反するのであれば、包括

---

*36　北村ほか前掲（＊35）41頁でも、制度濫用論による場合であっても、制度趣旨から想定される「実態」が不明確であるなどの理由により、制度趣旨を拠り所とした経済合理性の判断が困難な場合があることが指摘されている。

的租税回避防止規定が適用されやすいという点が、それぞれ明らかになったと考えられる。もちろん、副社長を買収前に送り込むという行為が制度趣旨に反しないと主張することは、なかなか難しい場面が多いと思われるが、税負担の減少を意図した行為が行われていたとしても、それが制度趣旨に反しないのであれば、包括的租税回避防止規定の適用は困難であることから、組織再編成を行う際には、制度趣旨に反していないかどうかの検討を行う必要がある。

　さらに、制度趣旨に反していたとしても、明確な事業目的があり、かつ、税負担の減少目的よりも上位にあると認められる場合にも、包括的租税回避防止規定の適用は困難であることから、事業目的の検討も重要である。

　ヤフー事件が公表された頃は、あくまでも特殊な事件であり、かつ、否認された法人税額が巨額であったことから、一般的な実務にはそれほど影響を与えないであろうという見解が主流であった。さらに、前述のように、「例えば、行為・計算の不自然性が全く認められない場合や、そのような行為・計算を行うことの合理的な理由となる事業目的等が十分に存在すると認められる場合には、他の事情を考慮するまでもなく、不当性要件に該当すると判断することは困難であると考えられる〔括弧内省略〕」とする調査官解説があったことから、今までの実務とそれほど変わらないとする見解を示す税務専門家も少なくなかった。

　しかし、その後のTPR事件では、納税者にとって厳しい判決が下されており、その結果、税務調査においても、包括的租税回避防止規定についての検討が行われる場面が増えたといわれている。そのため、本最高裁判決が今後の実務に与える影響は極めて大きいものと考えられる。

第2節　ＴＰＲ事件
（東京高判令和元年12月11日・ＴAINSコードＺ269−13354）

1　概　要

　ヤフー事件の後に、適格合併による繰越欠損金の引継ぎに対して否認された事件として、TPR事件が公表された。本事件では、TPR（原告）が平成24年7月27日付で、平成22年3月期の確定申告に対して更正処分を受けていたにもかかわらず、平成27年6月26日付でもう一度更正処分を受けている。このように同じ事業年度の確定申告について2回も税務調査を受けることは稀である。さらに、本件適格合併を行う前に、東京国税局に対して、合併法人であるTPR（原告）と被合併法人（旧B社）との間の特定資本関係（現行法では「支配関係」に名称変更）が継続しているという認識で問題がないかという問い合わせをしている。その際に、包括的租税回避防止規定（法法132の2）についての回答は得られるはずはないが、そのときの東京国税局の対応からして、「おそらく租税回避だとは認識していないだろう」という心証を得ていたことは推察される。このような事情があったとしても、包括的租税回避防止規定に対するリスクは軽減されないことから、実務上はかなり慎重に対応しなければならないことがわかる。

　なお、本事件は、平成22年3月1日に行われた適格合併による繰越欠損金の引継ぎについての事件であることから、本事件で争われ

ているのが、平成22年改正前法人税法に係る事件であるという点にご留意されたい。後述するように、東京地裁の判旨は、平成22年度税制改正と整合しない。そうなると、現行法に当てはめたときに、本事件の射程がどこまで及ぶのかという点が問題になってくる。

　TPR事件の特徴として、適格合併を行う前に、被合併法人で行っていた事業を新会社に移転したという点が挙げられる。具体的には、被合併法人と商号、目的及び役員構成が同一の新会社を設立し、合併の効力発生日に、被合併法人の従業員全員が当該新会社に転籍している。さらに、同日に、被合併法人が営んでいた事業に係る棚卸資産等を新会社に譲渡するとともに、未払費用等の負債を承継させている。このように、被合併法人が営んでいた事業、従業員が新会社に移転し、合併法人には移転していないことから、本件合併が繰越欠損金を引き継ぐための行為であり、事業目的が十分に認められないようにも思える。

　しかしながら、被合併法人から合併法人に対して、被合併法人が営んでいた事業に係る工場の建物及び製造設備を引き継いだうえで、合併法人から新会社に対して、当該工場の建物及び製造設備を賃貸している。そのため、本件組織再編成が行われる前の被合併法人の貸借対照表と本件組織再編成が行われた後の新会社の貸借対照表は全く別物になっていることから、事業目的が十分に認められるようにも思える。

　これに対し、賃貸借の対象となった建物及び製造設備に係る減価償却費等に相当する賃料を新会社から合併法人に対して支払っているため、一見、本件組織再編成に伴って新会社の損益計算書は改善されていないようにも見える。そのため、東京地裁は、新会社の損益構造の改善は、仕入価格の変更によるものであり、合併によらずとも達成可能であったとして、納税者の主張を認めず、東京高裁も同様の判断を行った。そして、最高裁では上告が受理されずに、納税者が敗訴している（最二小決令和3年1月15日・TAINSコード

Z 271 - 13508)。

このように、東京地裁及び東京高裁の判断は、納税者にとって厳しいものとなっており、事業目的を主張するにしても、丁寧な事実関係の積み重ねが必要になることがわかる。

2　事実の概要

本事件における事実関係は、以下のとおりである。なお、下記の事実関係は、判決文をそのまま引用するのではなく、判決文を参考に筆者がまとめたものである。

・平成21年12月11日に、原告の経営企画室に所属していた丁から丙（筆者注：旧B社の代表取締役）及び原告の専務取締役Hに対して送られたメールには、検討中の増減資案とは別案を検討していること、別案の「ねらい」として、旧B社の累積の欠損金を同社が7年以内に節税に利用することができる可能性が低いことへの対策であることが記載され、その具体的内容として、同社を原告に合併することにより旧B社の欠損金を原告が引き継ぐことができること、合併と同時に新会社を設立して旧B社の従業員を新会社に転籍させ、合併後、原告内に「原材料の調達等を行うことを想定した部門（F工場）」ができ、新会社は人員のみを抱えた賃加工会社の形態となり、原告から設備を貸与され、材料も支給されることとなって、原則として利益も赤字も出ない会社となることなどが記載されていた。

・平成21年12月15日の会議では、旧B社の債務超過解消の方法として、①100％減資の活用、②組織再編税制の活用、③連結納税制度の活用についての説明、比較検討が行われていた。このうち、②の方法については、そのメリットとして、資産等を簿価で引き継げることのほか、税務上の繰越欠損金を引き継ぐこと等が挙

げられていた。一方、デメリットとしては、労働条件（賃金体系）を合わせることで、人件費の上昇につながることなどが挙げられていた。原告の経理部からは、税務上のメリットだけなら②の案が最有力であるが、人件費の上昇がネックであるため、この問題を回避する「秘策」として、旧Ｂ社の従業員のみを現行の労働条件のまま引き継ぐための新会社を設立することが加えられていた。なお、同会議に提示された書面では、新会社が原告の業務委託会社となり、労務費のみが発生して損益が差し引きゼロになる会社となることが記載されていた。

・平成21年12月21日の経営会議では、おおむね了承が得られたものの、新会社を原告の業務委託会社にする案については了承が得られなかった。

・平成22年1月13日の経営会議では、新会社は、旧Ｂ社の事業内容を継承し、会社設立に伴う変更手続は最小限とすることなどが記載されていた。そして、旧Ｂ社の従業員は新会社に転籍し、旧Ｂ社の労働条件を継承すること、同社の資産・負債は合併により原告に移転するが、移転後、旧Ｂ社の棚卸資産（製品・仕掛・原材料等）は新会社に売却し、旧Ｂ社の退職給与債務は同社解散時に精算せず新会社に移転すること、勤続計算も継続扱いとすることなどが記載されていた。さらに、本経営会議では、新会社に責任を持たせるために、設備の減価償却費を新会社に負担させる案が提案された。

・平成22年1月27日の常務席会議では、固定資産に係る減価償却費等を新会社に請求し負担させること、新会社からの仕入価格を原価の実態に合わせた金額にすることなどを前提として、原告が新会社から仕入れる製品の仕入価格を見直すことが提案され、承認された。このことにより、原告内に「原材料の調達等を行うことを想定した部門（Ｆ工場）」は不要とされ、新会社が原告の業務委託会社となる当初案は廃案となった。

3 東京地判令和元年6月27日・TAINSコードＺ269－13285

　東京地裁では、争点１として「特定資本関係が合併法人の当該合併に係る事業年度開始の日の５年前の日より前に生じている場合に法人税法132条の２を適用することができるか否か」、争点２として「本件合併が法人税法132条の２にいう『法人税の負担を不当に減少させる結果となると認められるもの』に当たるか否か」がそれぞれ争われている。

　このうち、争点１について、東京地裁は「法人税法57条３項は、同条２項に関する否認とその例外の要件を全て書き尽くしたものとはいえず、同条３項が特定資本関係５年以下の組織再編成と５年超の組織再編成を区別して規定しているからといって、特定資本関係５年超の組織再編成について一般的否認規定の適用が排除されているとはいえない」と判示しており、後述する東京高裁も同様の判断を行っている。この判断は妥当であり、特に異論はない。

　これに対し、争点２に対する東京地裁の判断は、著しい問題があることから、ここではその全文を紹介することとする。

【東京地裁の判断】

(1)　……の法人税法132条の２の趣旨及び目的からすれば、同条にいう「法人税の負担を不当に減少させる結果となると認められるもの」とは、法人の行為又は計算が組織再編税制に係る各規定を租税回避の手段として濫用することにより法人税の負担を減少させるものであることをいうと解すべきであり、その濫用の有無の判断に当たっては、①当該法人の行為又は計算が、通常は想定されない組織再編成の手順や方法に基づいたり、実態とはかい離し

た形式を作出したりするなど、不自然なものであるかどうか、②
税負担の減少以外にそのような行為又は計算を行うことの合理的
な理由となる事業目的その他の事由が存在するかどうか等の事情
を考慮した上で、当該行為又は計算が、組織再編成を利用して税
負担を減少させることを意図したものであって、組織再編税制に
係る各規定の本来の趣旨及び目的から逸脱する態様でその適用を
受けるもの又は免れるものと認められるか否かという観点から判
断するのが相当である（平成28年最判参照）。

(2)ア　平成13年度税制改正により導入された組織再編税制の基本的
　　な考え方は、実態に合った課税を行うという観点から、原則と
　　して、移転資産等についてその譲渡損益の計上を求めつつ、移
　　転資産等に対する支配が継続している場合には、その譲渡損益
　　の計上を繰り延べて従前の課税関係を継続させるというもので
　　ある。このような考え方から、組織再編成による資産等の移転
　　が形式と実質のいずれにおいてもその資産等を手放すものであ
　　るとき（非適格組織再編成）は、その移転資産等を時価により
　　譲渡したものとされ、譲渡益又は譲渡損が生じた場合、これら
　　を益金の額又は損金の額に算入しなければならないが（法人税
　　法62条等）、他方、その移転が形式のみで実質においてはまだ
　　その資産等を保有しているということができるものであるとき
　　（適格組織再編成）は、その移転資産等について帳簿価額によ
　　る引継ぎをしたものとされ（同法62条の２等）、譲渡損益が生
　　じないものとされている。

　　　また、上記のような考え方から、組織再編成に伴う未処理欠
　　損金額の取扱いについても、基本的に、移転資産等の譲渡損益
　　に係る取扱いに合わせて従前の課税関係を継続させることとす
　　るか否かを決めることとされており、適格合併が行われた場合
　　については、被合併法人の前７年内事業年度において生じた未
　　処理欠損金額は、それぞれ当該未処理欠損金額の生じた前７年

内事業年度の開始の日の属する合併法人の各事業年度において生じた欠損金額とみなすものとして（同法57条２項）、その引継ぎが認められている。

イ　ところで、適格合併には、大別して、企業グループ内の適格合併（法人税法２条12号の８イ及びロ）と共同事業を営むための適格合併（同号ハ）があるところ、いずれについても移転資産の対価として株式又は出資以外の資産の交付がされないことが要件とされている。これは、株式又は出資以外の資産の交付がされる場合には、その経済実態は通常の売買取引と異なるところがなく、移転資産に対する支配が継続していないこととなるなど、組織再編成の前後で経済実態に実質的な変更がないとはいえなくなるからであると考えられる。また、上記要件に加えて、共同事業を営むための適格合併については共同事業要件（施行令４条の２第４項各号〔筆者注：現施行令４条の３第４項各号〕）が必要とされ、企業グループ内の適格合併についても、完全支配関係がある場合と異なり支配関係があるにすぎない場合には、いわゆる従業者引継要件〔法人税法２条12号の８ロ(1)〕及び事業継続要件〔同(2)〕が必要とされている。

　　以上の法人税法等の規定に加え、前記アの組織再編税制の基本的な考え方の「移転資産等に対する支配が継続している場合」としては、当該移転資産等の果たす機能の面に着目するならば、被合併法人において当該移転資産等を用いて営んでいた事業が合併法人に移転し、その事業が合併後に合併法人において引き続き営まれることが想定されているものといえるところ、このことからすれば、組織再編税制は、組織再編成による資産の移転を個別の資産の売買取引と区別するために、資産の移転が独立した事業単位で行われること及び組織再編成後も移転した事業が継続することを想定しているものと解される。そして、完全支配関係がある法人間の合併は、いわば経済的、実質的に完

全に一体であったものを合併するものといえるのに対し、支配関係がある場合の合併や共同事業を営むための合併の場合は、経済的同一性・実質的一体性が希薄であることから、上記の基本的な考え方に合致するように、従業者引継要件及び事業継続要件等の要件が付加されているものと考えられる。このように、組織再編成税制（原文ママ）は、完全支配関係がある法人間の合併についても、他の2類型の合併と同様、合併による事業の移転及び合併後の事業の継続を想定しているものと解される。

　　そうすると、法人税法57条2項についても、合併による事業の移転及び合併後の事業の継続を想定して、被合併法人の有する未処理欠損金額の合併法人への引継ぎという租税法上の効果を認めたものと解される。

ウ　そこで、本件合併が不当性要件を満たすか否かについて判断するに当たっては、前記(1)の①及び②の点を考慮した上で、本件合併が、組織再編成を利用して税負担を減少させることを意図したものであって、上記の法人税法57条2項の趣旨及び目的から逸脱する態様でその適用を受けるものと認められるか否かという観点から判断するのが相当である。

　　以上に反する原告の主張は、上記説示に照らし、採用することができない。

(3)　本件合併に関する検討

ア　(ア)　前記認定事実のとおり、原告は、本件合併により旧B社を吸収合併したものの、本件合併に併せて新B社を設立し（本件設立）、本件合併と同日、本件転籍、本件譲渡及び本件賃貸借が行われた。これにより、本件事業に従事していた旧B社の従業員は原告を経ずに同一労働条件で新B社に引き継がれ、本件事業に係る本件棚卸資産等も同社に引き継がれた。また、本件事業に係る本件製造設備等についても、その所有こそ原告に帰属したものの、減価償却費相当額は賃借料という名目で新B

社が負担することとなった。さらに、旧Ｂ社が締結していたリース契約は、本件合併後新Ｂ社に引き継がれ、同社の取引先も旧Ｂ社の取引先と同一であったほか、本件設立当時の新Ｂ社の商号、目的及び役員構成も旧Ｂ社のそれと同一であり、新Ｂ社の本店所在地も、設立当時こそ旧Ｂ社と異なっていたものの、本件合併の翌日には同社の解散当時の本店所在地に移転された。

　以上の事情に照らすと、本件合併とともに本件設立、本件転籍、本件譲渡及び本件賃貸借が行われたことによって、実態としては、旧Ｂ社の営んでいた本件事業はほぼ変化のないまま新Ｂ社に引き継がれ、原告は、旧Ｂ社の有していた本件未処理欠損金額のみを同社から引き継いだに等しいものということができる。そうすると、本件合併は、形式的には適格合併の要件を満たすものの、組織再編税制が通常想定している移転資産等に対する支配の継続、言い換えれば、事業の移転及び継続という実質を備えているとはいえず、適格合併において通常想定されていない手順や方法に基づくもので、かつ、実態とはかい離した形式を作出するものであり、不自然なものというべきである〔前記⑴①〕。

(イ)　原告は、本件合併は実態を伴うものであったとし、その理由として、旧Ｂ社や原告のアルミホイール製造事業の損益構造が変更され、Ｅからの受注量減少に伴う赤字リスクを原告が負担するようにビジネスモデル（事業リスクの所在）が変更され、併せて原告における重要な事業として、その管理体制が強化されたなどと主張する。

　そこで検討すると、確かに、本件製造設備等は原告の所有となったものの、新Ｂ社は、本件賃貸借により減価償却費相当額の賃借料を負担することになったものであるし、Ｅからの受注量減少に伴う赤字リスクを原告が負担することとなったのは、旧Ｂ社との間で行うことも可能であった本件単価変更によるも

のであること（証人乙〔34頁〕）に照らせば、本件合併自体の効果によって原告の主張する損益構造の変更、事業リスクの所在の変更が生じたと評価することは相当でないといわざるを得ない。また、原告における本件事業の管理体制の強化についても、旧Ｂ社の事業を原告における予算会議の審議対象とすることなどにより、本件合併によらずとも実現可能であったということができる。

　　　したがって、原告の上記主張を採用することはできない。

イ　(ア)　上記アのとおり、実態としては、旧Ｂ社の営んでいた本件事業はほぼ変化のないまま新Ｂ社に引き継がれ、原告は、旧Ｂ社の有していた本件未処理欠損金額のみを同社から引き継いだに等しいものといえるところ、前記認定事実のとおり、本件合併の検討に当たっては、終始、「メリット」「ねらい」などとして、本件未処理欠損金額を利用した節税効果が挙げられていた。

　　　また、本件合併について検討を始めた当初は、原告内に新たな部門を設け、生産委託会社として設立した新会社にアルミホイールの製造を委託することが検討されるなど、本件事業を原告の一部門として取り込むことにより旧Ｂ社の損益を改善するといった事業目的もあったものといえるものの、結局は、原告内に新たな部門が設置されることはなく、本件事業は新Ｂ社に引き継がれ、本件製造設備等の減価償却費相当額を同社に負担させるとの方針が決まった頃（平成22年1月13日頃）以降は、本件合併自体によって本件事業の損益状況の改善を図るという目的を達成することはできない状況にあったといえる。そして、このことは、同日の経営会議において、原告の購入価格を高く設定しないと新会社は黒字にならないのではないかと（原文ママ）発言や、節税効果だけではないかとの発言があったことからみても、原告経営陣において当然認識されていたということ

ができる。

　以上の本件合併及びこれに伴う本件設立等の検討経過等に照らすと、本件合併の主たる目的は本件未処理欠損金額の引継ぎにあったものとみるのが相当であり、前記アで述べた本件合併の不自然さも考慮すると、税負担の減少以外に本件合併を行うことの合理的理由となる事業目的その他の事由が存在するとは認め難いといわざるを得ない〔前記(1)②〕。

　なお、原告は、前記(1)②にいう「事業目的」について、原告取締役会において合併契約の承認決議がされた平成21年12月21日の時点で判断するべきであると主張するが、法人税法132条の２の趣旨及び目的〔前記……〕に照らし、そのような限定をすることは相当でない。

(イ)　これに対し、原告は、本件合併による法人税の負担減少は副次的効果にすぎず、目的の一つですらなかったなどと主張し、乙（筆者注：原告の社長）も、証人尋問において、税務上のメリットを考慮しなかったとか、審議・議論の対象とはならなかったなどと供述する（証人乙〔8、9、15、16頁〕）ものの、前記認定事実のとおり、経営会議や取締役会において経営企画室や経理部から資料として示された書面には、常に未処理欠損金額を引き継ぐことによる節税に関する記載があったこと等に照らし、いずれも採用することはできない。

(ウ)　また、原告は、本件合併について、本件事業の損益構造の変更やその管理体制の強化といった正当な事業目的があったと主張する。

　しかしながら、前記のとおり、Eからの受注量減少に伴う赤字リスクを原告が負担することとなったのは本件単価変更によるものであるし、原告における本件事業の管理体制の強化も本件合併によらずとも実現可能であったことからすると、本件合併や本件設立等の諸策を検討する中で損益構造の変更や管理体

制の強化の観点からの施策が取られたことがあったにせよ、これらが本件合併自体の主たる目的であったということはできず、前記(ｱ)の判断を左右するものとはいえない。

ウ　前記ア及びイのとおり、本件合併は、通常想定されない組織再編成の手順や方法に基づくものであり、実態とはかい離した形式を作出するものであって、その態様が不自然なものであることに加えて、本件未処理欠損金額の引継ぎによって原告の法人税の負担を減少させること以外に本件合併を行うことの合理的な理由となる事業目的その他の事情があったとは認められないことからすれば、本件合併は、組織再編成を利用して税負担を減少させることを意図したものであって、法人税法57条2項の本来の趣旨及び目的から逸脱する態様でその適用を受けるものというべきである。

そうすると、本件合併は、組織再編税制に係る上記規定を租税回避の手段として濫用することによって法人税の負担を減少させるものとして、法人税法132条の2にいう「法人税の負担を不当に減少させる結果となると認められるもの」に当たるということができる。

4　東京高裁判決

東京高裁でも、争点1として「法人税法57条3項自体、グループ外の法人が有する未処理欠損金額を利用した租税回避行為を防止するために設けられた規定であるにとどまり、未処理欠損金額を利用したあらゆる租税回避行為を前提として網羅的に定めたものとはいえないことや、同法57条3項において、その適用の有無を区別する特定資本関係5年超要件が、直ちに一般的否認規定の適用の有無に帰結するものとも解されないことからすると、同法57条3項が、特

定資本関係５年超要件を充たす適格合併には一般的否認規定を適用しない趣旨を明確にしたと解することは困難である」と判示しており、納税者（控訴人）の主張を認めなかった。この判断は妥当であり、特に異論はない。

　しかしながら、「完全支配関係下の適格合併において事業継続要件〔同法２条12号の８ロ(2)〕が求められていないのは、元々経済的に同一であった被合併法人と合併法人が合併する場合であるからであることを意味するにすぎず、また、証拠（乙21、23）によれば、組織再編税制の立案担当者も、適格合併においては、組織再編成前に行われていた事業が組織再編成後に継続することを前提にしている旨を説明していたことが認められるのであって、完全支配関係下の適格合併について、法人税法57条２項の趣旨において、およそ事業の継続が考慮されていないものと解することは困難であるものと考えられる。また、組織再編成に係る租税回避を包括的に防止するという法人税法132条の２の前記の趣旨からすると、完全支配関係の金銭等不交付要件のみを充たせば、同法57条３項により個別に否認されない限り、同条２項により未処理欠損金額の引継ぎが認められると解することや、完全支配関係による適格合併が、一律に租税回避のおそれがない類型に当たると解することもできないというべきである。よって、控訴人の主張を採用することはできない」と判示しており、後述する争点２と同様の問題があるということがいえる。

　そして、争点２に対して、東京高裁は、「確かに、完全支配関係にある法人間の適格合併については（法人税法２条12号の８イ）、支配関係にある法人間の適格合併におけるような従業者引継要件及び事業継続要件（同条12号の８ロ）の定めは設けられていない。しかしながら、原判決第５・３(2)が説示するように、組織再編税制は、組織再編成の前後で経済実態に実質的な変更がなく、移転資産等に対する支配が継続する場合には、その譲渡損益の計上を繰り延べて

従前の課税関係を継続させるということを基本的な考え方としており、また、先に組織再編税制の立案担当者の説明を引用して判示したとおり、組織再編税制は、組織再編成により資産が事業単位で移転し、組織再編成後も移転した事業が継続することを想定しているものと解される。加えて、これも原判決が第5・3(2)で説示するとおり、支配関係にある法人間の適格合併については、当該基本的な考え方に基づき、前記の従業者引継要件及び事業継続要件が必要とされているものと解され、殊更に、完全支配関係にある法人間の適格合併について、当該基本的な考え方が妥当しないものと解することはできないから、当該適格合併においても、被合併法人から移転した事業が継続することを要するものと解するのが相当である」と判示しており、東京地裁と同様の判断を行っていることがわかる。

5 評 釈

このように、東京地裁及び東京高裁では、「法人税の負担を減少させること以外に本件合併を行うことの合理的な理由となる事業目的その他の事情があったとは認められない」という理由により包括的租税回避防止規定を適用した国側の主張を認めた。

しかし、そもそも当初案では、TPRの一部門として、原材料の調達を行う部門を新設し、新会社は人員のみを抱えた賃加工会社の形態となり、TPRから設備を貸与され、材料も支給されることとなって、原則として、利益も赤字も出ない会社になることを予定していた。このような手法は一般的であり、新会社が人員のみを抱えた賃加工会社になるのは、TPRと新会社の賃金体系が異なるためである。

国側の主張においても、当初案については、税負担の減少目的が主目的であったと主張しながらも、旧B社の損益を改善させるとい

う事業目的が存在していたことは認めていることから、当初案のとおりであれば、包括的租税回避防止規定が適用されなかった可能性も十分に考えられる。

　その後、新会社に責任を持たせるために、減価償却費等を新会社に請求するとともに、当該減価償却費等を加味した原価を考慮したうえで、新会社からTPRが仕入れる製品の仕入価格を見直したのである。つまり、減価償却費等を新会社に請求しながらも、仕入価格に反映させることにより、最終的にTPRが負担した形になっている。

　このような仕入価格の変更は、形式的には新会社にコスト意識を持たせるという効果が期待されるが、実質的にはTPRがコストを負担する形になるということで、当初案どおり、新会社が利益も赤字も出ない賃加工会社になるのと何ら変わらない。すなわち、一連の組織再編成により、旧B社が営んでいた事業に係るリスクとリターンのすべてがTPRに移転されており、このような実態の変化は、合併によりTPR（合併法人）が建物及び製造設備を引き継がないと不可能である。もし、仕入価格の変更のみでこのような効果を実現させたいとクライアントから相談された場合には、ほとんどの税理士が「仕入価格が時価と異なるという理由により、寄附金として認定されるリスクがある」と回答するはずであり、その意味でも、一連の組織再編成に事業目的がないとはいい難い。

　さらにいえば、東京地裁も、受注減少に伴う赤字リスクがTPRに帰属するようになったことは認めたうえで、赤字リスクがTPRに帰属したのは仕入価格の変更によるものであり、合併によるものではないと認定しているのである。

　以上のように、本事件は、事業目的は十分に認められると考えられるものの、繰越欠損金の付替えが主目的であった可能性は否定できないことや、それを裏付ける会議資料があったことから、納税者に厳しい判決になっている。今後の実務を考えると、TPR事件に

類似したスキームに対しては、包括的租税回避防止規定が適用され
やすいということがいえるため、新会社に事業を移管したことに伴
う実態の変化を明らかにするとともに、本スキームについての事業
目的を明らかにする必要がある。また、TPR事件では事業目的を
主張できる余地があったにもかかわらず、納税者が敗訴しているこ
とから、TPR事件よりも強い証拠に基づいて事業目的を主張する
必要がある。

　なお、本事件は、そもそも東京地裁及び東京高裁が示した制度趣
旨に誤りがあるともいわれている。この点については、後述7で解
説を行う。

6　実務への影響

　TPR事件において、①完全支配関係内の合併であっても事業の
移転及び継続が必要とされただけでなく、②親会社に建物及び設備
を移転しただけでは、事業目的が十分にあるとは認められなかった、
という点が今後の実務に影響を与えると考えられる。

　このうち、①完全支配関係内の合併であっても事業の移転及び継
続が必要とされたという点に関しては、TPR事件と異なり、被合
併法人で営んでいた事業を他の法人に移転するのではなく、事業を
廃止しペーパー会社となった法人との合併においてどのように考え
るのか、という点が問題になる。この点については、100％子会社
であるペーパー会社との合併又は当該100％子会社であるペーパー
会社の清算のいずれであっても、親会社に繰越欠損金を引き継ぐこ
とができるため、100％子会社であるペーパー会社を被合併法人と
する適格合併により繰越欠損金を引き継いだ場合には、包括的租税
回避防止規定を適用すべきではない。ただし、100％兄弟会社であ
るペーパー会社を被合併法人とする適格合併を行った場合には、当

該100％兄弟会社であるペーパー会社を清算した場合とは異なる法人に繰越欠損金が引き継がれることから、包括的租税回避防止規定が適用されるか否かについて検討が必要になる（**第2章**参照）。

　さらに、TPR事件と同様に、合併前に被合併法人で営んでいた事業の大部分を合併法人以外の法人に移転させた後に、被合併法人の繰越欠損金を合併法人に引き継ぐ場合には、事業の移転先と繰越欠損金の移転先が異なることを理由として、包括的租税回避防止規定が適用される可能性があると考えられる。この点については、後述する大阪国税不服審判所裁決令和4年8月19日において、繰越欠損金の付替えを目的とする適格合併であることを理由に納税者の請求が棄却されていることからも、極めてリスクが高いといわざるを得ない。

7　東京高判令和元年12月11日の問題点

(1)　会社分割・合併等の企業組織再編成に係る税制の基本的考え方

　TPR事件は、平成22年改正前法人税法に係る事件である。そして、東京地裁及び東京高裁では、完全支配関係内の合併であっても、「合併による事業の移転及び合併後の事業の継続」を想定していると判示されている。そして、法人税法57条2項に規定されている繰越欠損金の引継ぎについても、「合併による事業の移転及び合併後の事業の継続を想定して、被合併法人の有する未処理欠損金額の合併法人への引継ぎという租税法上の効果を認めたものと解される」としている。

　このように、支配関係が生じてから5年を経過しているにもかかわらず、包括的租税回避防止規定（法法132の2）が争われたのは、

法人税法57条3項に係る制度趣旨について争われたのではなく、同条2項に係る制度趣旨について争われたからである。

これに関し、平成12年10月に政府税制調査会法人課税小委員会から公表された「会社分割・合併等の企業組織再編成に係る税制の基本的考え方」では、以下のように記載されている。

「組織再編成により移転した資産の譲渡損益の計上が繰り延べられる企業グループ内の組織再編成は、現行の分割税制（現物出資の課税の特例制度）の考え方において採られているように、基本的には、完全に一体と考えられる持分割合の極めて高い法人間で行う組織再編成とすべきである。ただし、企業グループとして一体的な経営が行われている単位という点を考慮すれば、商法上の親子会社のような関係にある法人間で行う組織再編成についてもこの企業グループ内で行う組織再編成とみることが考えられる。

さらに、組織再編成による資産の移転を個別の資産の売買取引と区別する観点から、資産の移転が独立した事業単位で行われること、組織再編成後も移転した事業が継続することを要件とすることが必要である。ただし、完全に一体と考えられる持分割合の極めて高い法人間で行う組織再編成については、これらの要件を緩和することも考えられる」。

このうち、前段を見ると、完全支配関係内の組織再編成に対して税制適格要件を認めることを基本としたうえで、支配関係内の組織再編成にまでその範囲を広げたということが読み取れる。そして、後段を見ると、支配関係内の組織再編成に対して事業の移転及び継続を要求しながらも、完全支配関係内の組織再編成ではこれらの要件を緩和したということが読み取れる。

そのため、東京地裁は、後段部分に着目することにより、従業者従事要件（従業者引継要件）及び事業継続要件という具体的要件を緩和しただけであって、基本的な理念からすれば、完全支配関係内の合併であっても事業の移転及び継続が必要であるという解釈を導

き出したと考えられる。

　しかし、経団連の立場から組織再編税制の導入に関与されていた阿部泰久氏は、組織再編税制の立案経緯について「主税局は、当然100％はオーケーと言っております。われわれは、『企業グループの実態を、もっと広く見てください』との主張をしまして、『では、どうしますか』という議論がしばらく続きました。……結局どうすればよいかということになり、税法によりどころを求めるのはやめて、『商法に乗っかってしまえ』となり、50％超という基準になりました」*37と述べられていた。

　そのため、組織再編税制は、完全支配関係内の組織再編成を基本として構築されていったと考えることもできる。そして、経済界の要請により、支配関係内の組織再編成が組織再編税制に混入してしまったため、事業の移転及び継続といった概念を入れざるを得なかったということもいえる。この立場からは、完全支配関係内の合併において、事業の移転及び継続を要求する理由がなく、TPR事件において示された制度趣旨には誤りがあるということになる*38。

　このような立案経緯からすると、平成22年改正前法人税法であっても、完全支配関係内の合併に対しては、事業の移転及び継続が要求されていないと考えられる。仮に、東京地裁及び東京高裁が判示

---

*37　阿部泰久「〈講演〉改正の経緯と残された課題」江頭憲治郎ほか編『企業組織と租税法（別冊商事法務252号）』83頁（商事法務、平成14年）。

*38　朝長英樹ほか「法人税法の改正」『平成13年版改正税法のすべて』136頁（大蔵財務協会、平成13年）でも、「企業グループ内の組織再編成とは、100％の持分関係にある法人間で行う組織再編成と、50％超100％未満の持分関係にある法人間で行う組織再編成のうち一定の要件に該当するものとされています。移転資産等の譲渡損益の計上を繰り延べる企業グループ内の組織再編成とは、本来、完全に一体と考えられる持分割合が100％の法人間で行うものとすべきであると考えられますが、現に企業グループとして一体的な経営が行われている単位という点を考慮すれば、50％超100％未満の持分関係にある法人間で行う組織再編成についても、移転する事業に係る主要な資産及び負債を移転していること等の一定の要件を付加することにより、これに含めることもできると考えられることから、50％超100％未満の持分関係にある法人間で行う組織再編成についてもこの企業グループ内の組織再編成に含めるものとされています」と記載されている。

したように、完全支配関係内の合併であっても事業の移転及び継続が必要であるという解釈が可能であったとしても、後述するように、平成22年度税制改正後は、グループ法人税制[39]において事業の移転及び継続が要求されていないことから、完全支配関係内の合併であっても事業の移転及び継続が必要であるという解釈は導き出せない。

　そのため、平成22年度税制改正後は、グループ法人税制と同様に、完全支配関係内の組織再編成では事業の移転及び継続を要求する必要がないものの、支配関係内の組織再編成では、個別の資産の売買取引と区別する観点から、事業の移転及び継続を要求する必要があると解すべきである。

(2)　適格現物分配と残余財産の確定に伴う繰越欠損金の引継ぎ

　まず、平成22年度税制改正のうち、適格現物分配（法法62の5）と残余財産の確定に伴う繰越欠損金の引継ぎ（法法57②）について触れることとする。

　適格現物分配では、現物分配による事業の移転を想定せず、完全支配関係内の適格現物分配のみ規定されているという特徴がある[40]。そのため、支配関係が生じてから5年以内の適格現物分配に対しては、みなし共同事業要件が認められていない。さらに、「事業を移転しない適格分割若しくは適格現物出資又は適格現物分配」

---

*39　一般的に「グループ法人税制」とは、平成22年度税制改正により導入された資本に関係する取引等に係る税制のほか、平成22年度税制改正で見直された組織再編税制を含めた広い範囲の税制をいう（平成22年度税制改正を包括して「グループ法人税制」と説明されることもある）。そのため、「グループ法人税制」とは、譲渡損益の繰延べ（法法61の11）だけでなく、適格現物分配（法法62の5）と残余財産の確定に伴う繰越欠損金の引継ぎ（法法57②）を含めた概念であるとご理解いただきたい。

*40　佐々木浩ほか「法人税法の改正」『平成22年版改正税法のすべて』211頁（大蔵財務協会、平成22年）。

について、繰越欠損金の使用制限、特定保有資産譲渡等損失額の損金不算入の特例計算が定められており（法令113⑤〜⑦、123の9⑩〜⑫）、事業を移転しない適格組織再編成が存在することが明らかにされている。

　この点につき、朝長英樹氏は、「本来、個別資産を移転するものは、事業を移転するものとは異なり、譲渡損益を計上しなければならないものであって、『適格現物分配』の取扱いは、本来の法人税法における取扱いとは正反対のものとなっているわけである」*41と批判されている。そして、「現物出資が分割の代替手段として使われるケースが少なくなってきたり、株式交換が合併と実態が同じというケースと有価証券の売買や交換と実態が同じというケースとを区別する手掛かりが明確になってきたりしたという状況となれば、『組織再編成』と位置付けることが適当でない現物出資や株式交換を『組織再編成』から除く、というのが本来の正しい改正のあり方である」*42と批判されている。さらに、繰越欠損金の使用制限、特定保有資産譲渡等損失額の損金不算入の特例計算に対しても、「事業を移転しない分割による資産・負債の移転は個別の資産・負債の譲渡による移転と実質的に同様であるため分割を非適格とする、ということで対応するのが適当と考えられる」*43と批判されている。

　このように、朝長氏が平成13年当時に想定していた組織再編税制の基本的な考え方では、事業の移転を伴わない組織再編成を適格組織再編成とすべきではないということになる。朝長氏は、平成18年に税務大学校教授を最後に退官されており、平成22年度税制改正は、退官後の改正である。そして、上記の批判は、解釈論の立場からの批判ではなく、立法論の立場からの批判である。

＊41　朝長英樹『現代税制の現状と課題（組織再編成税制編）』337頁（新日本法規出版、平成29年）。
＊42　朝長前掲（＊41）380頁。
＊43　朝長前掲（＊41）112頁。

もし、朝長氏が主張するように、平成13年当時に完全支配関係内の組織再編成であっても事業の移転及び継続が要求されていたと仮定したとしても、朝長氏の意図に反する形で平成22年度税制改正により組織再編税制の考え方が修正されたということになる*44。そのため、朝長氏の見解を採用したとしても、解釈論の立場からは、平成22年度税制改正後は、完全支配関係内の組織再編成に対しては、事業の移転及び継続を要求していないと解さざるを得なくなる。

　そして、平成22年度税制改正では、残余財産の確定に伴う繰越欠損金の引継ぎ（法法57②）も導入されている。残余財産が確定した時点では、解散法人において事業は存在しないことから、事業の移転に伴って繰越欠損金が引き継がれるという解釈は成り立たない。この点は、佐々木浩ほか「法人税法の改正」『平成22年版改正税法のすべて』284頁（大蔵財務協会、平成22年）において、残余財産の確定に伴う繰越欠損金の引継ぎが、適格現物分配制度をきっかけに導入されたと明記されていることからも明らかである。

　さらに、同書284頁では、「残余財産が確定した法人の欠損金については、特定の資産との結びつきが希薄であることを踏まえ、その移転資産の有無に関わらず、合併に係る欠損金の引継ぎと同様の取扱い」にしたことが明らかにされている。すなわち、残余財産の確定に伴う繰越欠損金の引継ぎと適格合併に伴う繰越欠損金の引継ぎ

---

*44　朝長英樹「第２回　株式交付税制の検証－趣旨目的と取扱いの原則－」（TKCグループHP、令和３年）において、以下のように記載されていることからも、このことは明らかであると考えられる。
　「組織再編成税制は、平成13年度税制改正によって創設された当時は、資産を単独で移転する組織再編成は単なる資産の譲渡に過ぎないことから、そのようなものを適格組織再編成とすることは予定されておらず、『事業』や『業務』などと言い得るものを移転する組織再編成を適格組織再編成とすることが予定されていました。
　しかし、その後、平成22年度税制改正において、残余財産の分配が『適格現物分配』とされたり、『事業を移転しない適格分割』等に関する取扱いが定められたりしていますので、同改正以後は、組織再編成税制が『事業』や『業務』などが移転するものだけに移転資産の譲渡損益の計上の繰延べ等を認めて従前の課税関係を引き継がせるという趣旨目的のものであるのか否かということについて、改めて整理しなければならない状況となっています」。

のいずれも法人税法57条2項で規定されており、両者の制度趣旨が異なるということにはならない。その結果、残余財産が確定した場合には、事業の移転を伴っていなくても繰越欠損金の引継ぎが認められていることから、適格合併の場合にだけ事業の移転を要求すべきではないと考えられる。

(3) 譲渡損益の繰延べ

　平成22年度税制改正では、譲渡損益の繰延べ（法法61の11）も導入されている。譲渡損益の繰延べが導入された経緯については、佐々木浩ほか「法人税法の改正」『平成22年版改正税法のすべて』189頁（大蔵財務協会、平成22年）において、「グループ法人が一体的に経営されている実態に鑑みれば、グループ内法人間の資産の移転が行われた場合であっても実質的には資産に対する支配は継続していること、グループ内法人間の資産の移転の時点で課税関係を生じさせると円滑な経営資源再配置に対する阻害要因にもなりかねないことから、連結納税の選択の有無にかかわらず、その時点で課税関係を生じさせないことが実態に合った課税上の取扱いと考えられます」と解説されている。

　このように、譲渡損益の繰延べも、移転資産に対する支配の継続という概念で導入されていることがわかる。そして、譲渡損益の繰延べは、完全支配関係がある内国法人間で行われる取引であり、かつ、事業の移転及び継続を前提としていない。そのため、単なる資産の譲渡であっても譲渡損益が繰り延べられる。

　このことからも、移転資産に対する支配の継続という概念は、必ずしも事業の移転及び継続が前提になっているわけではないといえる。適格現物分配や残余財産の確定に伴う繰越欠損金の引継ぎに比べると、TPR事件を分析するうえで直接的ではないものの、平成22年度税制改正において、事業の移転及び継続を前提とせずにグ

ループ法人税制が導入されるとともに、組織再編税制が見直された
ということがわかる。

(4)　平成30年度税制改正

　平成30年度税制改正では、合併後に合併法人との間に完全支配関
係がある法人に従業者又は事業を移転することが見込まれている場
合にも、従業者従事要件及び事業継続要件に抵触しないこととされ
た（法法２十二の八ロ、法令４の３④三、四）。すなわち、このよ
うな場合であっても、移転資産に対する支配が継続していると考え
ることができる。平成22年度税制改正により導入されたグループ法
人税制、令和２年度税制改正で導入されたグループ通算制度では、
完全支配関係があれば一体として取り扱うという方向性になってお
り、平成30年度税制改正もその延長線上で行われた改正であると考
えられる。

　これに対し、完全支配関係内の合併では、そもそも従業者従事要
件及び事業継続要件は要求されていないが、もし、完全支配関係内
の合併であっても事業の移転及び継続が必要であると解したとして
も、被合併法人から合併法人に従業者及び事業を移転した後に、合
併法人との間に完全支配関係がある法人に当該従業者及び事業を移
転した場合には、事業の移転及び継続がなされていると解されるこ
とになる。その結果、事業の移転及び継続が必要であると解したと
しても、平成30年度税制改正後に生じるTPR事件と同様の事件に
対しては、包括的租税回避防止規定を適用すべきではないというこ
とになる。

　そのため、合併の直後に一部の従業者及び事業だけを他の法人に
移転しただけであれば制度趣旨に反するとはいえない場面も多いと
思われる。これに対し、全部の従業者及び事業を他の法人に移転す
る場合には繰越欠損金の付替えができてしまうことから、**第４節で**

解説する大阪国税不服審判所裁決令和4年8月19日にあるように、包括的租税回避防止規定を適用すべき事案もあり得る。

このことからも、TPR事件で問題とすべきは、事業の移転先ではない法人に対して繰越欠損金の付替えをした点であり、事業の移転及び継続を伴わない合併により繰越欠損金を引き継いだという点ではなかったと考えられる。

⑸　小　括

このように、東京地裁判決及び東京高裁判決では、完全支配関係内の合併でも事業の移転及び継続が必要であるかのような文言があるが、平成22年度税制改正及び平成30年度税制改正とは整合しない。そうなると、TPR事件で示された制度趣旨に誤りがあった可能性も否定できない。

もちろん、前述のように、平成22年度税制改正において、財務省主税局が「移転資産に対する支配の継続」に係る解釈変更を行った可能性もあり得る。さらに、後述する大阪国税不服審判所裁決令和4年8月19日がTPR事件の判旨を採用していないことから、平成22年度税制改正後の事件に対しては、TPR事件の射程が及ばない可能性もある。この点については、東京国税不服審判所裁決令和2年11月2日に係る東京地裁判決及び大阪国税不服審判所裁決令和4年8月19日に係る大阪地裁判決が公表されることにより明らかになると考えられる。

第3節　PGM事件
（東京国税不服審判所裁決令和2年11月2日・TAINSコードFO-2-1034）

1　事実の概要

　本事件は、B社が保有する繰越欠損金を完全支配関係があるC社に適格合併（合併1）で引き継いだ後に、B社及びC社との間に完全支配関係はなく、支配関係のみがある請求人に適格合併（合併2）で引き継いだ事件である（合併1と合併2は同日に行われている）。B社を被合併法人とし、請求人を合併法人とする適格合併を行わなかった理由は、B社に事業がないことから、事業継続要件（法法2十二の八ロ(2)）を満たすことができないからであると推定される。

　上記のほか、本事件では、(1)外部からB社を買収した後にB社から新会社に対して分社型分割をし、その後に株式譲渡をすることにより譲渡損失を実現させ、上記の繰越欠損金が構成されていること、(2)支配関係発生日から5年を経過するまで待ってから合併したこと、(3)合併前に優先株式を取得することによりB社とC社との間の完全支配関係が成立していること、といった事実関係を踏まえたうえで、B社の繰越欠損金を請求人に引き継がせることを目的に行われた租税回避であると認定されている。

　上記のような事実関係に対して事業目的が十分に認められるかど

うかについては、裁決書だけでは判断しかねるが、組織再編税制を専門とする税理士のほとんどが本事件で最も注目しているのは、TPR事件と同様に完全支配関係内の合併であっても事業の移転及び継続がない場合には、包括的租税回避防止規定（法法132の2）が適用される余地があるのかという点である。なぜなら、本事件は、平成22年度税制改正後の事件であることから、平成22年度税制改正後の事件にも、TPR事件の射程が及ぶのかどうかが問題になるからである。

　この点、裁決書を見てみると、簿外債務を管理するという「受動的な業務」が組織再編税制において想定されている「事業」ということができると納税者が主張していることから、争点になっていないともいえる。ただし、後述するように、大阪国税不服審判所において、TPR事件を参考にしない裁決が公表されたことから、東京地裁において争点になった可能性もある。もし東京地裁において争点になっていなかったとしても東京高裁において新たに争点になる可能性もある。そのため、東京地裁及び東京高裁がどのような判断をするのかが注目される。

　このように、PGM事件では、組織再編成の実務において生じやすい論点が多数存在している。そのため、東京地裁及び東京高裁がどのような判決を下したとしても、今後の実務において参考にすべき内容が多く存在していると考えられる。具体的な論点については、争点についての当事者の主張に凝縮されているため、こちらを紹介したい。

【争点についての当事者の主張】

原処分庁	請求人（納税者）
次の(1)及び(2)のことから、本件合併は、法人税法第57条第2項及び同法第81条の9第2項第2号	次の(1)及び(2)のことから、本件合併は、組織再編成を利用して税負担を減少させることを意図した

（筆者注：現行法はグループ通算制度への移行により削除）に規定する要件を形式的に満たし、組織再編成を利用して本件未処理欠損金額を請求人の連結欠損金額とみなして本件連結事業年度の損金の額に算入することにより、税負担を減少させることを意図したものであって、同法第57条第2項及び同法第81条の9第2項第2号の本来の趣旨及び目的から逸脱する態様でその適用を受けるものと認められ、これを容認し本件未処理欠損金額を連結欠損金の当期控除額として本件連結事業年度の損金の額に算入することは、同法第132条の2に規定する「法人税の負担を不当に減少させる結果となると認められるものがあるとき」に該当する。 | ものではなく、法人税法第57条第2項及び同法第81条の9第2項第2号の本来の趣旨及び目的から逸脱する態様でその適用を受けるものではないことが明確である。したがって、本件未処理欠損金額を連結欠損金の当期控除額として本件連結事業年度の損金の額に算入したとしても、法人税法第132条の2に規定する「法人税の負担を不当に減少させる結果となると認められるものがあるとき」に該当することとはならない。

(1)　請求人の行為又は計算は、次のとおり通常は想定されない組織再編成の手順や方法に基づいたり、実態とはかい離した形式を作出するなど不自然なものである。	(1)　本件合併は、通常想定される組織再編成の手順・方法に基づき、実態に即した形式によって行ったものであり、何ら不自然ではない。
イ　法人税法第57条第2項に規定する適格合併に係る被合併法人の	イ　■■■■■■をそのままの形で他の■■■■■■■内で合併

未処理欠損金額の合併法人への引継ぎは、被合併法人が適格合併前に行っていた事業が合併法人において継続して営まれるという「事業の継続性」を前提として、被合併法人の有する未処理欠損金額の合併法人への引継ぎを認めているものである。

すなわち、法人税法は、欠損金額が発生した事業が合併により合併法人に移転し、継続されることを想定して未処理欠損金額の引継ぎという効果を認めたものであると認められるところ、被合併法人が事業を営んでおらず、未処理欠損金額のみを有するような法人である場合、当該法人を被合併法人とする合併は、形式的には適格合併の要件を満たすとしても、適格合併において通常想定されている事業の移転・継続という実態を備えておらず、適格合併において通常想定されていない手順や方法に基づくもので、かつ、実態とはかい離した形式を作出するものであり、不自然なものといえる。

この点、■■■■■■■は、本件分割後は、従業員を有さず、また、みるべき資産や負債も存在し

させると、本件簿外債務が■■■■■■■全体に波及してしまうため、■■■■■を切り離して本件簿外債務を管理する事業のみを営む会社として存続させたため、■■■■■■■は、■■■■■■■の中で、本件簿外債務を管理するという必須の役割及び機能を担うこととなった。

実際に、■■■■■■■は、本件簿外債務の債権者から請求があればそれに対応する業務と■■■■■■から受ける補償に関する業務を行っており、■■■に業務委託をして本件簿外債務を管理する業務を遂行していた。そして、■■■■■■■が営む事業は、本件合併により、■■■■■■に移転し、その後、請求人に移転して継続している。

■■■■■■■が行っていた本件簿外債務を管理するという「受動的な業務」が組織再編成に関する税制において想定されている「事業」といえるのか否かということに関しては、①平成13年に組織再編成に関する税制を創設した際には適格組織再編成とするものにおいて移転する「事業」は広く

ない法人であり、事業を営まない■■■■■■■との本件合併１が、適格合併において通常想定されていない手順や方法に基づくもので、かつ、実態とはかい離した形式を作出するものであり、不自然なものと認められる。

捉える必要があるという考え方を採っていたこと、②国税庁の照会回答事例においても従業者が存在しなかったり導管体となっていたりしてもそれらをもって「事業」を行っていないということにはならないとされていること、そして、③平成22年に残余財産の分配又は引渡しを適格組織再編成に含める改正が行われていることによって適格組織再編成となるものは能動的な「事業」を行うものに限られるという解釈を採ることが一層困難となっていることからも、組織再編成に関する税制においては、「事業」といえるということが明らかである。

　事業を営んでいる■■■■■■の本件合併１は、通常想定される組織再編成の手順・方法に基づき、実態に即した形式によって行ったものであり、何ら不自然なものではない。

ロ　上記イのとおり、事業継続要件は、合併による事業の移転及び合併後も事業を継続するとの趣旨である。

　本件合併は、本件合併１と本件合併２を一連の合併として、すな

ロ　本件合併を本件合併１と本件合併２の２段階で行ったのは、合併事務手続を簡素化する観点から、本件合併１として外部株主が存在しない■■■■■と■■■■■■とを先に合併させ、本件合併

わち、最終的に全ての法人を請求人に統合することを目的として行われているものであるところ、■■■■■■■は事業を営まない法人であるため、そもそも引き継ぐべき事業は存在せず、請求人と■■■■■■■が直接合併した場合には、事業継続要件を満たさず、適格合併とならない。

この点、合併を2段階合併とする理由として、繰越欠損金を引き継ぐこと以外の理由を検討した証拠は認められない。

そうすると、本件合併において、本件合併1と本件合併2を分ける理由は税負担の減少以外になく、このように税負担を減少させる目的で合併を2段階に分け、事業継続要件を形式的に満たすことは、通常想定されていない手順や方法に基づくもので、かつ、実態とはかい離した形式を作出するものであり、不自然である。

2として外部株主が存在する請求人と■■■■■■らを合併させたものである。

また、本件簿外債務を管理する事業を担う会社である■■■■■■のみの吸収合併に、外部株主が、難色を示す可能性が高いと想定されたことから、合併を円滑に進める手段として■■■■■■と■■■■■■との本件合併1を先に行うこととなったものである。3社以上の合併において、第一合併、第二合併などというように順序を付すことは、通常、行われることであって、本件合併は、通常想定される組織再編成の手順・方法に基づくものであり、何ら不自然なものではない。

仮に、税務上のメリットがなかったとしても、■■■■■■の合併は、合併事務が少しでも簡素化され、それが円滑に進むという合理的なビジネス上の理由により、本件合併と同じ順番で行われたことは間違いない。

| ハ 本件未処理欠損金額は、■■■■■■■が本件分割を行い、■■■■■の株式を取得し、本件株式譲渡をすることによって、作 | ハ ■■■■■■の買収は、■■■■■のビジネスモデルに従い、多数の■■■■■■の買収と合併による事務管理費の削 |

為的に生じさせたものである。

　本件株式譲渡により欠損金額（本件未処理欠損金額の大部分）が生じたのは、■■■■■■■が■■■■■■の子会社であった当時、減損損失を計上したものについて申告加算をしたことに起因しており、■■■■■■■において損失を被ることなく算出されたものである。このように■■■■■■■において生じたものではない損失等を最終的に本件未処理欠損金額として合併により引き継ぐことは、繰越欠損金や含み損のある法人を買収し、その繰越欠損金や含み損を利用するために組織再編成を行うことにほかならない。

減と経営効率の向上の一環として行われたものである。

　本件未処理欠損金額は、■■■■■■■の買収後に、本件簿外債務が■■■■■■■全体に波及するのを避ける過程で、新設分割した■■■■■の株式をグループ内部で譲渡することにより生じたもので、■■■■■■■における事業活動上生じたものにほかならない。

　請求人が、買収前に■■■■■■に対し、本件簿外債務を遮断し新設分割された■■■■■■■の株式を譲り受けるスキームを提案していることからも分かるように、繰越欠損金や含み損を利用するために組織再編成を行ったものではない。

ニ　原処分庁は、「法人税を免れる目的」があったことを主張して、その目的ゆえに、法人税法第132条の２の規定が適用されるとも、請求人の行為が不自然又は合理的な理由が存在するなどといったことを主張するものではなく、本件分割と本件株式譲渡とを作為的に組み合わせることにより本件欠損金額を作為的に生じさせたものと

ニ　原処分庁は、本件分割及び本件株式譲渡の「不当性」を述べ立て、請求人が法人税を免れる目的で本件合併を行ったことを強調していると考えられるが、「法人税を免れる目的」があったと主張することによって法人税法第132条の２の規定が適用されるという判断を下したり、「法人税を免れる目的」があったと主張することに

認められること及び■■■■■■
■■優先株式を買い取った行為
は、いずれも本件合併の不当性を
確認するための経緯として重要な
事情であり、当該事情を踏まえ本
件合併は「不自然」であると主張
しているものである。

よって「不自然」であるとか「合
理的な理由」が存在しないという
判断を下したりすることはできな
い。

ホ ■■■■■■■の本件未処理
欠損金額を■■■■■■に引き継
ぐためには、本件合併1を行うに
当たり、■■■■■■と■■■■
の資本関係を100％にしておくこ
とが絶対条件であったことから、
本件合併前に■■■■■■■■■
から■■■■■■■優先株式を
買い取った。

ホ 本件コビナンツに違反すれ
ば、本件シンジケートローン契約
上の元利金及び清算金等の支払を
迫られるのみならず、以降、■■
■■■■■■■の買収資金を一
切調達できなくなるおそれがあっ
たことから、■■は、本件コビ
ナンツ違反を回避するという明確
なビジネス上の理由で、■■■■
■■■■■から■■■■■■■
優先株式10株を取得し消却したも
のである。

ヘ ■■■■■■■は、■■■■
■■の株式を譲渡し、その後特段
の資産及び負債を有さず、事業も
行わない、本件簿外債務のみを有
することとなったと認められる。
　このような法人については、清
算することも考えられるが、■■■
■■■による補償の期間が経過し
た後において、多数の■■■を
保有する請求人と合併させている。

ヘ 上記イのとおり、■■■■■
■■は、■■■■■■■全体にお
けるリスク管理上、極めて重要な
必須の役割及び機能を担い、事業
実態を有していた。
　本件簿外債務の顕在化を避ける
ために一番行ってはいけないこと
は、清算である。
　なぜなら、■■■■■■が清
算するという場合には、解散後、

遅滞なく、知れている債権者に対し、一定の期間内にその債権の申出をしないときは清算から除斥される旨を各別に催告しなければならないからである（会社法第499条第1項）。

ト　以上のとおり、本件合併は、■■■■■■■が事業を営んでいない上に、請求人の■■■■■■■に係る事業活動において生じたものではない本件未処理欠損金額を、実際に事業を営んでいる請求人の■■■■■■■に合併させて引き継ぎ、かつ、その態様も従業者引継要件及び事業継続要件の充足を作出するために2段階で行ったものであり、事業の継続という未処理欠損金額の引継ぎの趣旨及び目的に反するほか、他社から買収してきた法人に係る繰越欠損金を自社利用するという典型的な租税回避に属する行為であって、不自然というほかない。

ト　以上のとおり、引き継ぐべき「事業」が存在し、■■■■■■■と請求人が直接合併した場合でも適格要件は満たされるところ、合併事務を簡素化し、それを円滑に進めるという合理的なビジネス上の理由から、■■■■■■■が営む本件簿外債務を管理する事業は、■■■■■■■から■■■■■にそのままの状態で引き継がれ、その後、■■■■■■■から請求人にそのままの状態で引き継がれている。したがって、■■■■■■■の■■■■■を本件簿外債務を管理する事業とそれ以外の事業とに切り分ける過程において生じた本件未処理欠損金額については、そのまま請求人に引き継ぐことが事業の継続という未処理欠損金額の引継ぎの趣旨目的にかなうものということになる。

(2)　次のことから、本件合併には、税負担の減少以外にそのような行

(2)　次のことから、本件合併は、客観的事実からも何ら不自然なもの

為又は計算を行うことの合理的な理由となる事業目的その他の事由は存在しない。	ではなく、税負担の減少以外に合理的な理由となる事業目的その他の事由が存在することが認定できる。
イ ■■■■■■においては、繰越欠損金の利用を戦略的に行っていたことが認められ、資本ストラクチャーや組織再編成スキームを検討するに当たっては、常に税務の観点から検討がされており、また、これに合わせる形で組織再編成のスキームが構築されている様子がうかがわれる。	イ 納税者が可能な限り税負担を減少させようとすることは、合理性のある行為として、当然、容認されることであり、合理的な経営者であれば、常に、可能な限り、税負担を減少させようとするわけであって、納税者がある行為又は計算により税負担が減少するかどうか検討していたとしても、そのこと自体は、何ら、当該行為又は計算が法人税の負担を「不当に」減少させる結果となると認められるものに該当することを推認させるものではない。
ロ 本件合併は、上記(1)のロないしホ、また、5年前から継続した支配関係がある要件を満たしてからの合併としていること等の事実が外形上認められる。これらはいずれも税負担の減少目的なくして説明がつかない行為で、かかる行為の外形からも税負担の減少目的が認定できる。	ロ 5年前から継続して支配関係があることという要件を満たしてから組織再編成を行うということは、広く一般に行われていることであって、何ら、不自然な行為でもなければ、否認されるような行為でもなく、本件合併も、外形上、何ら不自然なものではなく、税負担の減少以外に合理的な理由となる事業目的その他の事由が存在することはいうまでもない。

ハ ■■■■■■が作成した「組織再編検討シート」では、繰越欠損金の引継ぎができなければ、合併を行わないという趣旨を読み取ることができ、繰越欠損金の利用が合併の真の目的で、法人の削減により事務の軽減を図ることは副次的な効果であることが示されている。

また、支配関係の継続が5年を経過し、繰越欠損金の繰越期限前のタイミングで合併していることからも、事務負担上の問題よりも繰越欠損金の有効利用が主眼であったことが明らかである。

本件合併の目的が、「事務管理費の削減と経営効率の向上を図る」ことであれば、速やかにその合併を行うことが、その目的にかなうものであるが、請求人は、繰越欠損金が引継ぎ制限を受けないよう、■■■■■■の計画どおりの期日並びにその手順及び方法に即して本件合併を行ったものと認められる。

ハ 本件合併が、「事務管理費の削減と経営効率の向上を図る」目的で行われたことは、動かし難い事実といえる。

■■■■■■のビジネスモデルを正しく理解するならば、事務管理費の削減と経営効率の向上が副次的な効果であったなどとは認定できるはずがない。

■■■■■■におけるビジネスの状況を時系列に沿って眺めれば、その時々のビジネス上の優先課題に応じて、合併の実施時期を合理的に決断していたことが、手に取るように明らかになる。事務管理費の削減と経営効率の向上を図るためであれば、速やかに合併を実行したはずであるなどという原処分庁の憶測は、合理的なビジネス判断に対する理解をおよそ欠いたものである。

なお、原処分庁は■■■■■■の計画どおりの期日並びにその手順及び方法に即して本件合併を行ったと主張するが、そもそも、原処分庁が■■■■■■が作成したとする書面は、■■■■■■として検討中の合併案を示したものではなく、一税務担当者が税

	務の観点から想定される合併案を
	示したものにすぎない。

　上記(1)イ、トにおいて、原処分庁は、法人税法57条２項による繰越欠損金の引継ぎが事業の継続性を前提にしているものとしたうえで、分割後に従業員や資産のなくなった法人を被合併法人とする適格合併により繰越欠損金を引き継いだことが不自然であるとしている。これに対し、納税者は、被合併法人が行っていた「業務」が組織再編税制で想定している「事業」に該当するものと主張している。そのため、納税者としては、真っ向から事業の移転及び継続を伴わない合併であっても繰越欠損金を引き継ぐことができると主張しているわけではないことがわかる。

　また、上記(1)ロにあるように、２段階合併を行ったことが不自然であるかどうかについて争われている。この点については、納税者の主張が誤っていたとしても、平成15年度税制改正により導入された税制適格要件に係る２段階組織再編成が想定したものであるともいえるため、２段階合併を行ったことを理由に不自然であるとすべきでないと考えられる。

　そして、上記(1)ニ、ホにあるように、原処分庁は、合併１を完全支配関係内の合併に該当させるために優先株式を事前に買い取ったことについて不自然であると主張しているが、納税者は、事業上の理由があったと主張している。

　上記(1)ヘでは、原処分庁は、ペーパー会社は清算するのが自然であると主張しているが、納税者はそのようなことは事業上の理由で避ける必要があったとしている。すなわち、原処分庁の主張が正しいと仮定すると、実務上、ペーパー会社との合併が不自然であると認定される可能性があるといえる。もちろん、ペーパー会社である100％子会社を清算したとしても、残余財産の確定に伴って当該ペーパー会社である100％子会社の繰越欠損金を親会社に引き継げるこ

とから、当該ペーパー会社である100％子会社との合併を不自然であると認定すべきではない。これに対し、ペーパー会社である100％兄弟会社との合併を行った場合には、当該ペーパー会社である100％兄弟会社を清算した場合とは繰越欠損金が引き継がれる法人が変わることから、不自然であると認定される可能性があるといえる。

上記(2)ロ、ハでは、支配関係が生じてから5年を経過するまで待ったことが問題視されている。しかしながら、原処分庁としても、そのような行為を不自然であると主張しているわけではなく、税負担の減少目的を認定しただけに過ぎないということがわかる。

さらに、裁決書を読み進めていくと、「■■■■の請求人株式所有割合を100％にすることについては、■■■■■■を直接請求人と合併させることができるメリットがある反面、請求人が連結納税グループ親法人ではなくなり、今後、多額の含み損を持った新規法人を買収した場合でも、その含み損を実現して繰越欠損金として連結納税グループ内に持ち込むことができない。また、一旦、■■■■の請求人株式所有割合を100％にして、他の法人を連結親法人とする連結納税グループを再編成してしまうと、後に請求人を再び連結親法人とする場合には、■■■■との100％の資本関係を再度解消する必要があり、■■■への説明が難しいというデメリットがある（順号6）」と書かれていることから、合併2を完全支配関係内の合併にできなかった理由が、合併法人を連結親法人のままにするためであることがわかる。

このように、本事件では、完全支配関係内の合併であっても事業の移転及び継続が必要であるとするTPR事件の判旨を引き継いだかどうかが注目されがちであるが、実際は、実務において議論になりやすい様々な論点が争われていたことがわかる。

2　国税不服審判所の判断

　国税不服審判所が、「完全支配関係にある法人間の適格合併につ
いて、法人税法第132条の2の適用の有無に関し、その『法人税の
負担を不当に減少させる結果となると認められるもの』との要件に
係る租税回避の意図があるか否か、同法第57条第2項及び同法第81
条の9第2項第2号の趣旨目的から逸脱しているか否かについて
は、事業の移転及び継続を含め検討すべきと解される」と判示した
ことにより、TPR事件の判旨を引き継いだことがわかる。

　そして、「本件合併は、■■■■■■らの事業を請求人に引き継
がせることに加え、事業を営んでいない■■■■■■の本件未処
理欠損金額を請求人に引き継がせることをも目的としていたもので
あり、本件合併において、2段階に分けて■■■■■■を請求人
に吸収させた点については、税負担を減少させること以外に合理的
な理由となる事業目的その他の事由の存在は認められない」と判示
することにより、事業目的のない、税負担の減少目的だけの合併で
あったと認定している。

　すなわち、事業の移転及び継続がないことを理由に制度趣旨に反
するものとし、2段階合併を行ったことを理由に事業目的がないも
のとしている。このうち、前者については、後述するように、大阪
国税不服審判所裁決令和4年8月19日においてTPR事件の判旨が
採用されなかったことから、PGM事件における東京地裁判決がど
のような判旨になるのかが注目される。さらに、後者についても、
たとえ2段階合併を行ったことが税負担減少のためであっても、平
成15年度税制改正で想定された範囲内であるといえるし、そもそも
合併に順番を付さない3社合併を行ったとしても、2段階合併を
行ったとしても、本事案に限定すれば、事務上の負担がそれほど大

きくは変わらない。そのため、合併に順番を付さない３社合併を行うべきであり、２段階合併を行うことに事業目的が認められないとまではいい難い[45]。この点についても、東京地裁判決の公表により明らかになると考えられる。

---

[45]　太田洋ほか『企業取引と税務否認の実務』176－177頁（大蔵財務協会、第２版、令和４年）参照。ただし、事務上の負担が大きく変わる事案であれば、２段階合併を行うことに事業目的が認められないとする余地はあり得る。

第4節 大阪国税不服審判所裁決令和4年8月19日判例集未登載(大裁(法・諸)令4第5号)

1 事実の概要

　本事件は、請求人（納税者）が損金の額に算入した適格合併に係る被合併法人の未処理欠損金額（1,208百万円）は、当該合併等が「法人税の負担を不当に減少させる結果となると認められるもの（法法132の2）」に該当することから、損金の額に算入しないものとして原処分庁が更正処分等を行ったのに対し、納税者がその全部の取消しを求めた事件である。

　本事件では、適格合併前に、新設分割により分割承継法人に被合併法人の事業のすべてを移転しており、適格合併の直前に被合併法人に残っていたものは、土地、有価証券及び借入金といったものであった。それだけでなく、分割承継法人と被合併法人は、株主、役員、商号、会社の目的、本店所在地、従業員、取引先、賃金体系並びに金融機関からの融資が同一であったことから、両社は実質的に同一の法人であったと考えられる。裁決書では黒塗りが多いことから断言はできないが、TPR事件と非常に似た事件であった可能性が高いように思われる。

　強いていえば、新設分社型分割ではなく、新設分割型分割により事業を移転した点に違いが見受けられるが、本事件の裁決に大きな

影響を与える違いではないと考えられる。

　さらに、本事件では、組織再編成の前に株式の異動も行われている。ただし、裁決書に黒塗りが多いことから、どの株式の異動なのかは明らかではない。もし、事前の株式異動により完全支配関係が成立していた場合には、PGM事件と同様に税負担減少の意図があったことの証拠のひとつとなる。この点については、大阪地裁判決が公表されたときに明らかになると考えられる。

2　主たる争点

　本事件の争点は、①本件差額は、法人税法37条１項に規定する寄附金の額に該当するか否か、②本件受託品事故損は、消費税法30条１項に規定する課税仕入れに係る支払対価の額に該当するか否か、③本件組織再編成は、これを容認した場合、法人税法132条の２に規定する「法人税の負担を不当に減少させる結果となると認められるもの」に当たるか否か、の３つであるが、上記①②は本書のテーマである合併に関係がないことから、ここでは上記③についてのみ解説を行うものとする。

3　当事者の主張

　本事件では、原処分庁側がTPR事件で示された制度趣旨を前提に主張しているのに対し、納税者側は当該制度趣旨を否定する形で主張しているという点に特徴がある。その結果、TPR事件が公表された後の当該制度趣旨に対する批判を踏まえたうえでの主張になっており、非常に興味深いものになっている。

【争点についての当事者の主張】

原処分庁	請求人（納税者）
本件組織再編成は、次のとおり、請求人が本件未処理欠損金額を法人税法第57条第2項の規定に基づき請求人の欠損金額とみなして損金の額に算入することを租税回避の手段として濫用するものであり、同法第132条の2に規定する「法人税の負担を不当に減少させる結果となると認められるもの」に当たる。	本件組織再編成は、次のとおり、請求人が本件未処理欠損金額を法人税法第57条第2項の規定に基づき請求人の欠損金額とみなして損金の額に算入することを租税回避の手段として濫用するものではないから、同法第132条の2に規定する「法人税の負担を不当に減少させる結果となると認められるもの」には当たらない。
イ　本件未処理欠損金額は、法人税法第57条第3項に規定する適格合併に係る被合併法人の有する未処理欠損金額の合併法人への引継ぎの制限を受けないものであるが、同法第132条の2は、次のとおり、上記制限を受けない場合にも適用がある。 (イ)～(ハ)　省略	イ　法人税法第132条の2は、次のとおり、同法第57条第3項に規定する適格合併に係る被合併法人の有する未処理欠損金額の合併法人への引継制限を受けない場合には適用がなく、同法第132条の2を適用してされた本件各法人税各処分のうち平成28年3月期及び平成29年3月期に係るもの並びに本件各地方法人税各処分のうち平成28年3月課税事業年度及び平成29年3月課税事業年度に係るものは、いずれも違法である。 (イ)～(ハ)　省略

ロ　本件組織再編成は、次のとおり、法人税法第132条の２に規定する「法人税の負担を不当に減少させる結果となると認められるもの」に該当する。	ロ　本件組織再編成は、次のとおり、法人税法第132条の２に規定する「法人税の負担を不当に減少させる結果となると認められるもの」に該当しない。
㈤　法人税法第132条の２に規定する「法人税の負担を不当に減少させる結果となると認められるもの」に当たるか否かは、組織再編成に係る各規定の趣旨を逸脱する態様でその適用を受けるもの又は免れるものと認められるか否かの観点から判断するのが相当であるところ、同法第57条第２項は、次のとおり、合併による事業の移転及び継続を想定して、適格合併に係る被合併法人の有する未処理欠損金額の合併法人への引継ぎを認めた趣旨の規定である。	㈤　法人税法第57条第２項は、次のとおり、完全支配関係下の法人間の合併の場合には、被合併法人の有する未処理欠損金額の合併法人への引継ぎを認めるに当たり、事業の移転及び継続を想定した趣旨の規定ではない。
A　組織再編成に関する税制（以下「組織再編税制」という。）の基本的な考え方は、実態に合った課税を行うという観点から、原則として、組織再編成により移転する資産等（以下「移転資産等」という。）について、その譲渡損益の計上を求めつつ、移転資産等に対する支配が継続している場合に	A　組織再編税制は、グループ概念を重視しているから、グループ内における組織再編成である完全支配関係下の法人間の合併に事業の移転及び継続は要求されていないと解すべきである。 　したがって、法人税法第57条第２項は、その適用に当たって、適格合併のうち共同事業を営むため

は、これを適格組織再編成として、その譲渡損益の計上を繰り延べて従前の課税関係を継続させるというものである。組織再編成に伴う未処理欠損金額の取扱いについても、基本的に、移転資産等の譲渡損益に係る取扱いに合わせて従前の課税関係を継続させることとするか否かを決めることとし、法人税法第57条第２項は、適格合併が行われた場合につき、被合併法人の前９年内事業年度において生じた未処理欠損金額を合併法人において生じた欠損金額とみなすものとして、その引継ぎを認めている。

上記移転資産等に対する支配が継続している場合としては、移転資産等の果たす機能の面に着目するならば、被合併法人において移転資産等を用いて営んでいた事業が合併法人に移転し、その事業が合併後に合併法人において引き続き営まれることが想定されているものといえ、組織再編税制は、組織再編成による資産の移転を個別の資産の売買と区別するために、資産の移転が独立した事業単位で行われていることを想定していると解される。

の合併など合併当事者間の支配関係が薄い場合に限り、事業の移転及び継続を要件として要求し、完全支配関係にある法人間の適格合併については、事業の移転及び継続を要件として要求していないというべきである。

租税法規の解釈適用は、租税法律主義の観点から、法令の文言に忠実に従って適用すべきであるから、明文に定めのない事業の移転及び継続を隠れた要件とすることや、法令の趣旨及び目的を根拠として安易に拡張解釈することは許されない。

また、財務省及び国税庁は、平成13年度税制改正について、完全支配関係にある法人間の適格合併には、事業の移転及び継続が要求されていない旨の説明をしていたし、その後も本件組織再編成までに、完全支配関係にある法人間の適格合併において未処理欠損金額の引継ぎが認められるために事業の移転及び継続が必要であるとの見解を示したことはなかった。

したがって、組織再編税制は、完全支配関係がある法人間の合併についても、合併による事業の移転及び合併後の事業の継続を想定し、法人税法第57条第2項も合併による事業の移転及び合併後の事業の継続を想定して、被合併法人の有する未処理欠損金額の合併法人への引継ぎという租税法上の効果を認めたものと解される。

B 請求人は、組織再編税制が導入された平成13年度税制改正について、「会社分割・合併等の企業組織再編成に係る税制の基本的考え方」(以下「基本的考え方」という。)及び「平成13年版改正税法のすべて」を援用し、完全支配関係にある法人間の組織再編成に事業の移転及び継続は要求されていないと主張する。しかしながら、基本的考え方は、最終的な考え方が示されたものではないし、要件を緩和する旨の意味合いは必ずしも明確ではない上、基本的考え方及び「平成13年版改正税法のすべて」によっても完全支配関係にある法人間の適格組織再編成において事業の移転及び継続が想定されていないとは解されない。

B 組織再編税制の導入に係る平成13年度税制改正は、基本的考え方を十分に踏まえてなされたものである。基本的考え方は、完全に一体と考えられる持分割合の極めて高い法人間で行う組織再編成については、事業の移転及び合併後の継続という要件を緩和することも考えられる旨が説明されている。また、「平成13年版改正税法のすべて」は、移転資産等の譲渡損益の計上を繰り延べる企業グループ内の組織再編成とは、本来、完全に一体と考えられる持分割合が100％の法人間で行うものとすべきであるが、持分割合が50％超100％未満の関係にある法人間で行う組織再編成も、移転する事業に係る主要な資産及び負債を移転

平成22年度税制改正は、残余財産の確定した完全支配関係にある法人の欠損金について、特定の資産との結びつきが希薄であることを踏まえ、移転資産等の有無にかかわらず、欠損金の引継ぎを認めたものであって、適格合併の場合の未処理欠損金額の引継ぎに関するものではない。また、上記のとおり、残余財産の確定の場合には、あえて移転資産等の有無にかかわらないこととされていることからすれば、適格合併の場合には、事業の移転があることを想定していると解される。

平成29年度税制改正は、支配株主のない分割法人の行っていた事業の一部を新たに設立する分割承継法人が独立して行うための分割型分割を適格分割として認めたものである。この改正は、企業内の事業部門を分離して独立した企業とする分割であるいわゆるスピンオフの必要性の増加を受けた政策的観点に基づく考慮があった上に、支配株主のない法人の実質的支配者は当該法人そのものであり、当該法人自身の分割であるスピンオフについては、単にその法

していること等の一定の要件を付加することにより、上記企業グループ内の組織再編成に含めることもできると考えられるため、これを含めるものとしたとしており、完全支配関係にある法人間の組織再編成に事業の移転及び継続を要求していない。

また、平成22年度税制改正は、完全支配関係にある場合には、事業の引継ぎのない残余財産の確定の場面でも、適格合併と同様に、未処理欠損金額の引継ぎを認めたものであり、法人税法第57条第2項は、事業継続を要求するものではないことが、より明らかになっている。

平成29年度税制改正は、組織再編税制が、移転資産等に対する支配が再編成後も継続しているかどうかについて、グループ経営の場合には、グループ最上位の法人がグループ法人及びその資産の実質的な支配者であるとの観点に立って判断しているという側面もあるとの考え方を踏まえたものであり、これによれば、組織再編税制はグループ概念を重視していると認められる。

人が２つに分かれるような分割で
あれば「移転資産等に対する支配
が継続」しているとして、適格性
を認め得るとの考えに基づいて行
われたものである。このように、
当該改正によって適格性が認めら
れる分割は、特定の類型の会社分
割に限定される上、組織再編成の
当事者間における移転資産等、す
なわち、事業の移転及び継続が認
められる類型であるといえる。し
たがって、平成29年度税制改正は、
法人税法第57条第２項が完全支配
関係にある法人間の適格合併の場
合に事業の移転及び継続を要求し
ていない根拠となるものではな
い。

　平成30年度税制改正は、本件組
織再編成後のものであるが、適格
合併のうち完全支配関係にある法
人間以外のものの要件のうち、法
人税法第２条第12号の８のロの
(1)に規定する従業者従事要件（以
下「従業者従事要件」という。）
及び同（2）に規定する事業継続
要件（以下「事業継続要件」とい
う。）を緩和し、合併法人と完全
支配関係にある法人並びに当該合
併後に行われる一定の適格合併に

　さらに、平成30年度税制改正は、
支配関係にある法人間の適格合併
の要件のうち、従業者従事要件及
び事業継続要件を緩和し、合併当
事者間での事業の移転及び継続を
要求せず、完全支配関係にあるグ
ループ内での事業継続を容認する
ものであり、完全支配関係にある
法人間の適格合併には事業の移転
及び継続を要求していないことを
前提にしている。

　平成30年度税制改正も、組織再
編税制がグループの概念を重視し
ていることを受けた組織再編税制
の制定時からの趣旨に合致するも
のであり、その趣旨は完全支配関
係にある法人間の合併においても
共通するものといえる。

係る合併法人及び当該適格合併に係る合併法人と完全支配関係にある法人を、従業者従事要件及び事業継続要件の充足の有無の判定における「合併法人」に含めることとして、これら全体で従業者従事要件及び事業継続要件を満たすことで足りるとしたものである。これは、適格合併のうち完全支配関係にある法人間以外のものが従業者従事要件及び事業継続要件を要求していることに対応したものであって、このことから完全支配関係にある法人間の適格合併には事業の移転及び継続が想定されていないとは解されない。組織再編税制が完全支配関係にある法人間の適格組織再編成に事業の移転及び継続を想定していることは、平成30年度税制改正の前後で異ならない。

C　以上のとおり、組織再編税制は、完全支配関係がある法人間の合併についても、合併による事業の移転及び合併後の事業の継続を想定したものであるから、法人税法第57条第2項も合併による事業の移転及び合併後の事業の継続を想定して、被合併法人の有する未

C　以上のとおり、法人税法第57条第2項は、完全支配関係下の法人間の合併の場合には、被合併法人の有する未処理欠損金額の合併法人への引継ぎを認めるに当たり、事業の移転及び継続を想定した趣旨の規定ではない。

　したがって、本件組織再編成が、

処理欠損金額の合併法人への引継ぎという租税法上の効果を認める趣旨の規定であると解するのが相当である。	法人税法第132条の2に規定する「法人税の負担を不当に減少させる結果となると認められるもの」に当たるか否かの判断において、本件組織再編成による本件事業の移転及び継続の有無は、考慮すべき事情に当たらない。
(ロ) 省略	(ロ) 省略

　このように、原処分庁は、TPR事件で示された制度趣旨が正しいという前提で主張を行っていることがわかる。ただし、「基本的考え方は、最終的な考え方が示されたものではないし、要件を緩和する旨の意味合いは必ずしも明確ではない上、基本的考え方及び『平成13年版改正税法のすべて』によっても完全支配関係にある法人間の適格組織再編成において事業の移転及び継続が想定されていないとは解されない。（筆者下線）」という主張は、「事業の移転及び継続が想定されていないという証拠はない」と主張しているに等しく、TPR事件で示された制度趣旨が正しいという明確な根拠を原処分庁が示すことができなかったのではないかという疑いがある。平成22年度税制改正、平成29年度税制改正及び平成30年度税制改正に対する主張についても、納税者の主張と噛み合っておらず、グループ概念を重視しているという平成22年度税制改正以降の流れからしても、納税者の主張に分があるといわざるを得ない[46]。さらに、多くの組織再編税制の専門家がTPR事件に対する批判として挙げる残余財産の確定に伴う繰越欠損金の引継ぎについて、「残余財産の確定の場合には、あえて移転資産等の有無にかかわらないこととされていることからすれば、適格合併の場合には、事業の移転があることを想定していると解される」と主張しているが、「あえて移転事業の有無にかかわらない」ではなく、「あえて移転資産等の有無

にかかわらない（筆者下線）」としていることからも、「適格合併の場合には、事業の移転があることを想定していると解される」という主張には無理があると考えられる。

　また、上記ロ(ロ)では、引用を省略したが、本件組織再編成が法人税の負担を減少させることを意図したものであって、組織再編税制に係る各規定の本来の趣旨及び目的を逸脱する態様で、その適用を受けるものであるかどうかが争われている。

　この点につき、特筆すべきは、①コンサルティング会社による繰越欠損金の活用に係る提案を受けて実行された組織再編成であったこと、②当初案では分割後に清算するスキームが提案されており、かつ、残余財産の確定に伴う繰越欠損金の引継ぎが意識されていたこと、③当時の財務部長による、節税メリットが組織再編成を進めることの決め手になった旨の申述があること、④無償減資により中小法人等にすることで繰越欠損金の損金算入を上限なくできるようにしていたこと、⑤株式の取得による受贈益と繰越欠損金の相殺を意図していたこと、の５つである。

　まず、本事件では、繰越欠損金の節税効果がコンサルティング会社に支払う報酬よりも大きいことが、組織再編成を実行する動機の

＊46　朝長英樹氏も「ヨーロッパは『事業の継続性』に着目した制度、アメリカは『株主の投資の継続性』に着目した制度、そして、我が国の場合には『グループ』に着目した制度、ということになります」と述べられている（朝長前掲（＊11）５頁）。そして、令和３年におけるPwC税理士法人（経済産業省委託調査受託者）による報告書では、平成12年当時の政府税制調査会の資料において、「会社分割に係る税制と連結納税制度は、いずれも、企業の組織再編に関する税制として極めて重要な課題であり、その導入に向け、これらをパッケージとして検討を進める必要がある（平成12年５月16日政府税制調査会基本問題小委員会法人税制関係資料63頁）」と記載されていることを根拠として、「グループを基準に適格要件が設けられたのは、2000年の商法改正が企業組織の柔軟かつ迅速な再編を実現することを目的としたものであること、また、組織再編税制の見直しに当たっては、連結納税制度の創設とパッケージで検討されたことに起因すると考えられる」と記載されている（PwC税理士法人（経済産業省委託調査受託者）「令和二年度産業経済研究委託事業　経済産業政策・第四次産業革命関係調査事業費（企業の組織再編成の実態等に関する調査）経済産業省委託調査報告書」30頁（令和３年）。なお、令和４年４月１日以後開始事業年度では、連結納税制度からグループ通算制度に変更されている）。

ひとつになっていることが示されている。しかしながら、コンサルティング会社による節税提案があったとしても、通常であればその報酬がタイムチャージによる金額を大幅に超えることは考えにくい。そして、タイムチャージによる金額であれば、繰越欠損金が1,000百万円を超えていることから、比較にならないほど金額が小さいため、そのような議論をすべきではない。本事件における事実関係からは明らかではないが、節税提案に対する成功報酬としてタイムチャージを大幅に超える金額が支払われていた場合には、その報酬が節税の対価とみなされた結果、税負担減少の意図の強い証拠になり、かつ、裁判官の心証を悪化させる要因にもなる。そのため、実務上、タイムチャージによる金額を大幅に超える報酬金額の提示は避けるべきであると考えられる。

　そして、当初案では分割後に清算するスキームが提案されており、かつ、残余財産の確定に伴う繰越欠損金の引継ぎが意識されていたとのことであるが、後述するように、もし当初案を採用していたとしたら、残余財産の確定に伴う繰越欠損金の引継ぎに対して同族会社等の行為又は計算の否認（法法132）が適用されていた可能性は否定できないと考えられる。

　さらに、上記③〜⑤については、税負担減少の意図についての強い証拠となっている。実務上も、このような証拠により税負担減少の意図が推認されかねない状況はいくらでも考えられるため、税負担の減少目的よりも事業目的が上位にあるという立証が難しいことが多いし、仮にできたとしても税務調査において水掛け論になることも考えられる。そのため、事業目的を説明できるようにしておくことも重要であるが、制度趣旨に反しないかどうかの検討も重要であると考えられる。

　本事件は、税負担の減少目的以外の事業目的が十分に認められないことから、租税回避と認定されてもやむを得ないと思われる。しかしながら、そもそも本事件で行われた組織再編成が制度趣旨に反

するのかという点が問題になる。この点については、国税不服審判所の裁決が非常に興味深いものになっている。

4　国税不服審判所の判断

　前述のように、原処分庁側も納税者側も完全支配関係内の合併であっても事業の移転及び継続が必要か否かという点を争っているのに対し、国税不服審判所は事業の移転及び継続が必要か否かを検討せずに包括的租税回避防止規定の検討を行っているという特徴がある。具体的な法令解釈に係る判示は、以下のとおりである。

・欠損金額の繰越控除は、それらの事業年度の間に経理方法の一貫した同一性が継続維持されることを前提として、初めて認めるのが妥当とされる性質のものといえる（最高裁昭和43年5月2日第一小法廷判決・民集22巻5号1067頁、最高裁平成25年3月21日第一小法廷判決・民集67巻3号438頁参照）。

・法人税法第57条第2項は、適格合併の場合にのみ未処理欠損金額の引継ぎを認めることとして、合併による欠損金額の引継ぎ、その繰越控除の特典の承継を合理化する条件を定めた規定であると解されるところ、同項が適格合併の場合にのみ未処理欠損金額の引継ぎを認めたのは、組織再編成に伴う未処理欠損金額の取扱いについても、基本的に、移転資産等の譲渡損益に係る取扱いに合わせて従前の課税関係を継続させることとするか否かを決めることとしたことにあると解される。

・企業グループ内の適格合併には、完全支配関係のある法人間で行われる合併（法人税法第2条第12号の8のイ）と支配関係のある法人間で行われる合併で従業者従事要件及び事業継続要件を満たすもの（同号のロ）がある。完全支配関係のある法人間で行われる合併には、適格合併の要件として従業者従事要件及び事業継続

要件が要求されないところ、これは、上記組織再編税制の基本的な考え方に照らせば、完全支配関係にある場合には、合併の前後で実質的な資本構成に変動がない以上、移転資産等に対する支配が合併後も継続しており、その移転は形式のみで、実質においては、まだその資産を保有しているというべきであるから、適格合併として、移転資産等の譲渡損益の計上を繰り延べ、譲渡損益のいずれもが生じないものとするのが相当と解されるからである。これに対し、支配関係にある法人間で行う合併には、適格合併の要件として従業者従事要件及び事業継続要件を満たすことが要求されるところ、これは、資本構成が合併の前後で異なる以上、移転資産等に対する支配が合併後も継続していると直ちに認めることはできないが、現に企業グループとして一体的な経営が行われているという点を考慮すれば、持分割合が50％超100％未満の法人間など支配関係にある法人間で行う合併についても、移転する事業に係る主要な資産及び負債を移転している場合等の一定の要件を付加することにより、適格合併に含めることもできると解されるからである。

・法人税法第57条第2項は、合併の前後を通じた経理方法の一貫した同一性を認めることができることを前提に欠損金額の繰越控除の特典の承継を認めた規定であると解される。

・法人税法第57条第2項は、例えば、適格合併が企業グループ内の法人の有する未処理欠損金額の企業グループ内の他の法人への付替えと同視できるものであるなど上記適格合併の場合に未処理欠損金額の引継ぎを認めることとした前提を欠くような場合にまで、未処理欠損金額の引継ぎを認めることを想定した規定ではないと解するのが相当である。

このように、大阪国税不服審判所は、完全支配関係内の合併の場合には、事業の移転及び継続が要求されないことを前提としながら

も、適格合併の場合に未処理欠損金額の引継ぎを認めることとした前提を欠くような場合には、未処理欠損金額（繰越欠損金）の引継ぎが認められないものと判示した。なお、「企業グループ内の法人の有する未処理欠損金額の企業グループ内の他の法人への付替えと同視できるものである」としたのは、単なる例示であり、それ以外の場合であっても、組織再編税制が制定された平成13年当時の想定と明らかに異なるものであれば、包括的租税回避防止規定が適用される可能性があると考えられる。

　もちろん、繰越欠損金を他の法人に付け替える場合には、経理方法の同一性が維持されないことが明らかであるため、包括的租税回避防止規定が適用されるのはやむを得ないが、そもそも経理方法の同一性というものを繰越欠損金の引継ぎの制度趣旨としてしまうと、どのようなものが制度趣旨に反するのかが、さらに不明瞭になってしまうため、本来であれば、より具体的な判示があったほうが望ましかったように思われる。

　さらに、大阪国税不服審判所は、「■■■■■■■■■■の実態は、客観的にみれば、本件組織再編成の前後で変化はなく、両者は同一であるといえ、本件組織再編成は、組織再編成の前後で実態に変化を生じない組織再編成であったといえる。そして、本件組織再編成は、■■■■■■■■の繰越欠損金を本件事業から分離することを主たる目的としたものであり、その理由は、本件事業あるいは本件組織再編成の前後を通じた■■■■■■■■の収益力を向上させることにあったのではなく、■■■■■■■■の繰越欠損金を請求人が引き継ぎ、これを請求人の法人税の負担を軽減するために活用することにあったといえる」「本件組織再編成は、その前後で実態に変化を生じない組織再編成を行わなければならなかった必要性その他の合理的事情もないのに行われた不必要な組織再編成であって、このような組織再編成の実施は、上記に説示した■■■■■■■■の繰越欠損金を請求人に付け替えることを意図したものでない限り、通常は想定されていない

不自然な組織再編成であるというべきである」とすることで、包括的租税回避防止規定を適用している。

この判示は、事業目的よりも税負担の減少目的が主目的であること、法人が行った組織再編成が不自然であることを示しているため、法人税法132条の2に係る他の裁判例及び裁決例と整合的であるように思える。ただし、法人の行った組織再編成が不自然であるかどうかについて、制度趣旨を拠り所にした判断をしていないという点で他の裁判例及び裁決例と違いがあるようにも思える。この点については、法人の行為又は計算が不自然であることを示せるのであれば、あえて制度趣旨を拠り所にする必要はないということで、他の裁判例及び裁決例と整合的であると考えて差し支えないと思われる。

5　小　括

このように、本事件で注目すべきは、原処分庁側がTPR事件を根拠に主張していたのに対し、大阪国税不服審判所がTPR事件の判旨を採用しなかったという点である。むしろ、「完全支配関係のある法人間で行われる合併には、適格合併の要件として従業者従事要件及び事業継続要件が要求されないところ、これは、上記組織再編税制の基本的な考え方に照らせば、完全支配関係にある場合には、合併の前後で実質的な資本構成に変動がない以上、移転資産等に対する支配が合併後も継続しており、その移転は形式のみで、実質においては、まだその資産を保有しているというべきであるから、適格合併として、移転資産等の譲渡損益の計上を繰り延べ、譲渡損益のいずれもが生じないものとするのが相当と解されるからである」としたことからも、TPR事件とは異なり、完全支配関係内の組織再編成では、事業の移転及び継続は必ずしも要求されていないと判

断したものと考えられる。

　大阪地裁及び大阪高裁でも同様の判断が下された場合には、TPR事件で示された制度趣旨を大阪地裁及び大阪高裁が採用しなかったということになり、今後の組織再編実務に大きな影響を与える可能性がある。さらにいえば、本書校了段階では、PGM事件の東京地裁判決は公表されていないが、東京地裁がTPR事件で示された制度趣旨を採用しないこともあり得る。もし、採用したとしても、大阪国税不服審判所裁決令和4年8月19日を前提とせずに当事者の主張が行われていたからであって、東京高裁において納税者が本裁決を根拠としてTPR事件で示された制度趣旨を否定する主張を行うことも考えられる。

　いずれにしても、TPR事件で示された制度趣旨が平成22年度税制改正後も有効であるかどうかについては、これらの地裁判決及び高裁判決が公表されることにより明らかになると思われる*47。

　さらに、本裁決では、法人の行為又は計算が、通常は想定されない組織再編成の手順や方法に基づいたり、実態とは乖離した形式を作出したりするなど、不自然なものであるかどうかについて、制度趣旨を拠り所にした判断をしていない。そうなると、同族会社等の行為又は計算の否認を適用する場合には、制度趣旨を拠り所とせずに経済合理性の判断を行うことから、「分割により事業を切り離した後に、適格合併ではなく残余財産の確定により繰越欠損金を引き継いだ場合に、同族会社等の行為又は計算の否認が適用される可能

────────────────

*47　そのほか、東京国税不服審判所裁決令和5年3月23日判例集未登載（東裁(法)令4第101号）でも、PGM事件に類似した裁決が下されており、東京地裁に提訴されている（「東京局管内でも法人税法132条の2を適用した組織再編成否認事案」T&Amaster 1004号4－7頁（2023年）参照）。なお、本裁決では、完全支配関係内の合併であっても事業の移転及び継続が必要であるとしながらも、「事業の移転先と欠損金の引継先が異なるという適格合併において通常想定されていない組織再編成の手順等に基づく不自然なもの（国税不服審判所HP参照）」としていることから、仮に東京地裁において、事業の移転及び継続が不要であると認定されたとしても、原処分庁が勝訴できるロジックになっている。

性があるかどうか」の判断に重要な影響を与える可能性がある。

　本事件でも、当初案は合併ではなく清算であり、かつ、当初案でも繰越欠損金の引継ぎが意識されていたことから、もし、合併ではなく残余財産の確定により繰越欠損金を引き継いでいたとしても、同族会社等の行為又は計算の否認が適用されていた可能性はあると考えられる[48]。

---

[48]　当事者の主張を見る限り、合併に経済合理性がなく、分割後の清算という当初スキームに代わるものとして検討されたと原処分庁が判断していることから、分割後の清算にまで本裁決の射程が及ばないとする考え方もあり得る。

第5節　ユニバーサルミュージック事件（最一小判令和4年4月21日・TAINSコードZ888-2411）

　同族会社等の行為又は計算の否認（法法132）について争われた裁判例として、ユニバーサルミュージック事件が挙げられる。本事件は、組織再編成の一環として行われた借入れに対して否認された事件であるため、合併に対して否認された事件というわけではない。そのため、本書のテーマからするとやや外れた内容ではあるが、合併に付随する行為が租税回避として疑われる事案や、残余財産の確定に伴う繰越欠損金の引継ぎが租税回避として疑われる事案において、参考になる裁判例であることから、その概要のみを紹介するものとする。具体的には、最高裁判所は、以下のように経済合理性基準に基づきながらも、ヤフー事件と同様の考慮要素に基づいて判断すべきであると判示している。

「3 (1)　法人税法132条1項は、同項各号に掲げる法人である同族会社等においては、その意思決定が少数の株主等の意図により左右され、法人税の負担を不当に減少させる結果となる行為又は計算が行われやすいことから、税負担の公平を維持するため、そのような行為又は計算が行われた場合に、これを正常な行為又は計算に引き直して法人税の更正又は決定をする権限を税務署長に認めたものである。このような同項の趣旨及び内容に鑑みると、同項にいう『これを容認した場合には法人税の負担を不当に減少させる結果となると認められるもの』とは、同族会社等の行為又は計算のうち、経済的かつ実質的な見地において不自然、不合理なもの、すなわち経済的合理性を欠くものであっ

て、法人税の負担を減少させる結果となるものをいうと解するのが相当である。

(2) 同族会社等による金銭の借入れが上記の経済的合理性を欠くものか否かについては、当該借入れの目的や融資条件等の諸事情を総合的に考慮して判断すべきものであるところ、本件借入れのように、ある企業グループにおける組織再編成に係る一連の取引の一環として、当該企業グループに属する同族会社等が当該企業グループに属する他の会社等から金銭の借入れを行った場合において、当該一連の取引全体が経済的合理性を欠くときは、当該借入れは、上記諸事情のうち、その目的、すなわち当該借入れによって資金需要が満たされることで達せられる目的において不合理と評価されることとなる。そして、当該一連の取引全体が経済的合理性を欠くものか否かの検討に当たっては、①当該一連の取引が、通常は想定されない手順や方法に基づいたり、実態とはかい離した形式を作出したりするなど、不自然なものであるかどうか、②税負担の減少以外にそのような組織再編成を行うことの合理的な理由となる事業目的その他の事由が存在するかどうか等の事情を考慮するのが相当である」。

そして、本事件では、以下の理由により、納税者が勝訴している。「以上によれば、本件組織再編取引等は、通常は想定されない手順や方法に基づいたり、実態とはかい離した形式を作出したりするなど、不自然なものであるとまではいえず、また、税負担の減少以外に本件組織再編取引等を行うことの合理的な理由となる事業目的その他の事由が存在したものということができる。

そうすると、本件組織再編取引等は、これを全体としてみたときには、経済的合理性を欠くものであるとまでいうことはできず、本件借入れは、その目的において不合理と評価されるものではない」。

このように、厳密にいえば、制度趣旨に反するかどうかではなく、

経済合理性と事業目的により判断すべきであるということになるが、ヤフー事件における考慮要素と似ていることや、そもそも制度趣旨に反していないのであれば、納税者の行為又は計算が不自然又は不合理であると認定できるわけがないことから、制度濫用論により判断する場合と結論が変わらない場合も多いはずである[49]。

　そのため、実務上、合併に付随する行為が租税回避として疑われる事案や残余財産の確定に伴う繰越欠損金の引継ぎが租税回避として疑われる事案では、同族会社等の行為又は計算の否認の適用可能性について検討する必要があるが、その際には、制度濫用論の考え方が参考になると考えられる。

---

[49]　強いていえば、納税者の行為又は計算が不自然又は不合理かどうかという点について、租税法の趣旨及び目的から離れ、専ら経済的かつ実質的な見地から検討するという点が異なる（北村ほか前掲（＊35）、山口前掲（＊35）、谷口前掲（＊35））。その結果、制度濫用論に比べて、不自然又は不合理であると認定しにくい場面もあり得る。

第2章

理論編

　グループ会社との合併を検討する場合には、当該グループ会社が保有する繰越欠損金の引継ぎを検討することが少なくない。これに対し、第1章で解説したように、支配関係が生じてから合併事業年度開始の日まで5年を経過している法人との適格合併による繰越欠損金の引継ぎに対して包括的租税回避防止規定（法法132の2）が適用された裁判例及び裁決例が公表されている。そのため、繰越欠損金の引継制限（法法57③）だけでなく、包括的租税回避防止規定についても慎重に検討する必要がある。

　本章では、合併における繰越欠損金の引継ぎについて解説を行う。なお、実務上、新設合併が行われることは稀であることから、吸収合併を前提としているという点にご留意されたい。

第１節　税制適格要件の判定

1　基本的な取扱い

　合併における税制適格要件は、①グループ内の適格合併と②共同事業を行うための適格合併の大きく２つに分けられる。そして、①グループ内の適格合併は、(i)完全支配関係内の適格合併（100％グループ内の適格合併）と(ii)支配関係内の適格合併（50％超100％未満グループ内の適格合併）に分けられる。その具体的な内容は、以下のとおりである（法法２十二の八、法令４の３①〜④)*1。

---

*1　実務上、合併法人が１社、被合併法人が２社以上である吸収合併を行うこともある。しかし、会社法上、吸収合併における被合併法人は１社に限られることから、複数の合併が同日に行われたものとして取り扱われる（郡谷大輔ほか編著『会社法の計算詳解』382頁（中央経済社、第2版、平成20年））。法人税法上も、それぞれの合併ごとに税制適格要件の判定を行い、かつ、それらの合併に順序が付されている場合には、その順序に従って税制適格要件の判定を行うことになる（国税庁ＨＰ文書回答事例「三社合併における適格判定について」）。

■図表２－１　税制適格要件

グループ内		共同事業
完全支配関係	支配関係	
㈠　金銭等不交付要件	㈠　金銭等不交付要件 ㈢　従業者従事要件 ㈣　事業継続要件	㈠　金銭等不交付要件 ㈢　従業者従事要件 ㈣　事業継続要件 ㈥　事業関連性要件 ㈦　事業規模要件又は 　　特定役員引継要件 ㈧　株式継続保有要件

　このように、合併における税制適格要件には、グループ内の適格
合併と共同事業を行うための適格合併の２つがある。いずれの適格
合併であっても、被合併法人に繰越欠損金があれば、その利用を検
討することが一般的であると考えられる。

　ただし、後述するように、完全支配関係及び支配関係は合併の直
前で判定することから、合併の１か月前に完全支配関係又は支配関
係が発生したとしても、完全支配関係内の合併又は支配関係内の合
併に該当することになる*2。すなわち、共同事業を行うための適格
合併に該当するものは、上場会社同士の合併のように、被合併法人
の株主等*3が被合併法人株式を譲渡せずに合併法人の株主等として
残る事案であるといえる。

　そして、長期間に渡って支配関係が継続していた法人又は外部か

---

*2　本書では、完全支配関係がある他の法人との間で行われる合併を「完全支配関係
　内の合併」と表記し、金銭等不交付要件を満たすことにより適格合併に該当する「完
　全支配関係内の合併」を「完全支配関係内の適格合併」と表記している。そして、支
　配関係がある他の法人との間で行われる合併を「支配関係内の合併」と表記し、金銭
　等不交付要件、従業者従事要件及び事業継続要件を満たすことにより適格合併に該当
　する「支配関係内の合併」を「支配関係内の適格合併」と表記している。
*3　株主又は社員のことをいう。

ら買収してきた法人に繰越欠損金がある場合には、当該繰越欠損金の利用を検討することが多いが、前述のような共同事業を行うための適格合併の場合には、被合併法人に多額の繰越欠損金があることはそれほど多くはない。また、仮に被合併法人に繰越欠損金があったとしても、支配関係が成立していないことから、繰越欠損金の引継制限が課されないため、税制適格要件の検討のみを行えば足りる。

　そのため、本書では、グループ内の合併である完全支配関係内の合併又は支配関係内の合併を前提に解説を行うものとする。

◆完全支配関係

　完全支配関係とは、発行済株式又は出資（自己株式又は出資を除く）の全部[*4]を直接又は間接に有する関係のことをいう（法法２十二の七の六、法令４の２②）。そして、完全支配関係内の合併とは、以下のいずれかの関係のある法人との間で行われる合併のことをいう（法令４の３②）。

　イ　当事者間の完全支配関係

　　　合併に係る被合併法人と合併法人との間にいずれか一方の法人による完全支配関係がある場合における当該完全支配関係

　ロ　同一の者[*5]による完全支配関係

　　　合併前に当該合併に係る被合併法人と合併法人との間に同一の者による完全支配関係があり、かつ、当該合併後に当該同一の者と当該合併に係る合併法人との間に当該同一の者による完

---

*4　厳密には、①従業員持株会の株式の数と②新株予約権の行使により役員又は使用人が保有することになった株式の数とを合計した数が発行済株式総数の100分の5に満たないものは発行済株式総数から除いて完全支配関係の判定を行うことになる（法令４の２②）。ただし、換金性が低いことから、実務上、このようなケースが生じることは稀であるため、本書では解説を省略している。

*5　「同一の者」には、内国法人だけでなく、外国法人や個人も含まれる。これに対し、任意組合は、組合そのものが所有権を有しているわけではないことから、「同一の者」には含まれない。

全支配関係が継続することが見込まれている場合における当該
合併に係る被合併法人と合併法人との間の関係

このように、当事者間の完全支配関係は合併の直前における資本
関係のみで判定するのに対し、同一の者による完全支配関係は合併
の直前における資本関係だけでなく、合併後の完全支配関係の継続
も要求しているという違いがある[6]。そのため、①合併後に完全支
配関係のない法人又は個人が合併法人株式[7]の相当程度を取得する
ことが見込まれている場合だけでなく、②同一の者又は合併法人が
解散することが見込まれている場合にも、完全支配関係継続要件に
抵触することになる。なお、適格合併により解散することが見込ま
れている場合には特例が定められているが、この点については、**第
3章**で解説を行うものとする。

完全支配関係の判定において重要なのは、①直接保有割合だけで
なく、間接保有割合も含めて判定するという点と②株主等が個人で
ある場合には、当該株主等の親族等[8]が保有している株式又は出資
を含めて判定するという点である。これにより、非上場会社のほと
んどの合併は完全支配関係内の合併又は支配関係内の合併に該当す
ることになる。

---

[6] 本書では、このような完全支配関係の継続が要求されているという要件につき、「完
全支配関係継続要件」と表記し、後述する支配関係内の合併において、支配関係の継
続が要求されているという要件につき、「支配関係継続要件」と表記している。
[7] 合併法人の株式又は出資をいう。
[8] 親族等とは、以下に掲げる者をいう（法令4①）。
　① 株主等の親族
　② 株主等と婚姻の届出をしていないが事実上婚姻関係と同様の事情にある者
　③ 株主等の使用人
　④ ①～③に掲げる者以外の者で株主等から受ける金銭その他の資産によって生計を
　　維持しているもの
　⑤ ②～④に掲げる者と生計を一にするこれらの者の親族
　　なお、親族には、6親等内血族、配偶者及び3親等内姻族が含まれる（民法725）。
　そして、血族とは、血縁関係にある者をいい、姻族とは、配偶者の血族又は自分の血
　族の配偶者をいう。

◆支配関係

　支配関係とは、発行済株式又は出資（自己株式又は出資を除く）の総数又は総額の100分の50を超える数又は金額の株式又は出資を直接又は間接に有する関係のことをいう（法法２十二の七の五、法令４の２①）。そして、支配関係内の合併とは、以下のいずれかの関係のある法人との間で行われる合併のことをいう（法令４の３③）。

　　イ　当事者間の支配関係

　　　合併に係る被合併法人と合併法人との間にいずれか一方の法人による支配関係がある場合における当該支配関係

　　ロ　同一の者による支配関係

　　　合併前に当該合併に係る被合併法人と合併法人との間に同一の者による支配関係があり、かつ、当該合併後に当該同一の者と当該合併に係る合併法人との間に当該同一の者による支配関係が継続することが見込まれている場合における当該合併に係る被合併法人と合併法人との間の関係

◆金銭等不交付要件

　金銭等不交付要件を満たすためには、被合併法人の株主等に合併法人株式又は合併親法人株式*9のいずれか一方の株式又は出資以外の資産が交付されないことが必要になる（法法２十二の八）。

　そして、後述するように、平成29年度税制改正により、合併法人が被合併法人の発行済株式又は出資の総数又は総額の３分の２以上に相当する数又は金額の株式又は出資を直接に保有している場合に

---

*9　合併の直前に当該合併に係る合併法人と親法人との間に当該親法人による完全支配関係があり、かつ、当該合併後に当該合併法人と当該親法人との間に当該親法人による完全支配関係が継続することが見込まれている場合における当該親法人の株式又は出資をいう（法法２十二の八、法令４の３①）。なお、合併親法人株式を交付する合併のことを「三角合併」と表記することがある。

は、少数株主に対して交付した対価が金銭等不交付要件の対象から除外されている。

◆従業者従事要件

⑷　基本的な取扱い

　従業者従事要件を満たすためには、被合併法人の合併の直前[10]の従業者のうち、その総数のおおむね100分の80以上に相当する数の者が当該合併後に合併法人の業務に従事することが見込まれている必要がある（法法２十二の八ロ(1)）[11]。

　この場合の従業者とは、従業員とは異なり、被合併法人の合併前に行う事業に現に従事する者とされている（法基通１－４－４）。すなわち、従業員だけでなく、取締役、監査役、執行役員、出向受入社員、派遣社員、アルバイトやパートタイムで働いている者などが含まれる。また、他社に出向している者は、たとえ従業員であっても、被合併法人の事業に従事していないことから、「従業者」からは除かれる。なお、法人税基本通達１－４－４の文言からは、派遣社員を従業者に含めることが読み取りにくいが、平成14年４月４日に公表された「平成14年２月15日付課法２－１『法人税基本通達等の一部改正について』（法令解釈通達）の趣旨説明について」では、派遣社員を従業者に含めることが明記されている。

　実務上、パート、アルバイトを含めずに従業者の数の判定をするという間違いが多く見受けられる。もちろん、パート、アルバイトを含めて再計算をしたとしても、従業者のほとんどを引き継いでいたため、結果的に従業者従事要件の判定を間違わずに済んだという

---

[10]　合併前に合併法人に従業者が移転したことに伴う影響については、第３章参照。
[11]　本書では、平成30年度税制改正で導入された、合併により引き継いだ従業者が合併法人との間に完全支配関係がある法人の業務に従事することが見込まれている場合の特例については解説を省略している。

ことも少なくない。しかしながら、パート、アルバイトを含めるか否かで従業者従事要件の判定が変わることもあり得るため、本来であれば正確に従業者の数を計算する必要がある。

さらに、「従業者」と「従業員」の定義を混同した結果、「取締役」「監査役」を「従業者」に含めていなかったケースも散見される。被合併法人に数人程度の使用人しかいない場合には、「取締役」「監査役」を従業者に含めるか否かで従業者従事要件の判定が変わることもあり、実際にそのような事案がないわけでもないため、ご留意されたい。

なお、勤務実態がほとんどなく、かつ、無報酬である「取締役」「監査役」については、被合併法人の合併前に行う事業に従事していないことが明らかであれば、従業者から除外する余地もある。しかし、実務上、被合併法人の合併前に行う事業に従事していないことの事実認定に困難を伴うことが多く、従業者に含めている事案が多いと思われる。

㈺　合併法人の業務に従事することが見込まれていることとは

「合併法人の業務に従事することが見込まれていること」に該当するためには、合併直後に合併法人の業務に従事していればよいわけではなく、その後も継続して従事することが見込まれている必要がある。ただし、どの従業員もいつかは定年退職等により退職することから、「合併法人の業務に従事することが見込まれていること」とは、「定年や死亡などの事情がない限り、今のところ退職することが見込まれていないこと」と解されている。

さらに、「見込まれている」と規定されていることから、合併後の後発事象（ex.業績の悪化によるリストラなど）により従業者が合併法人の業務に従事しなくなったとしても、合併の時点で当該従業者が合併法人の業務に継続的に従事することが見込まれていたということであれば、従業者従事要件に抵触しない。

また、合併法人の業務に従事することが見込まれているか否かは、

合併法人又は被合併法人における見込みで判定すべきであるのに対し、自己都合による退職は合併法人又は被合併法人における見込みとは関係がないことから、従業者従事要件に抵触させるべきではない。すなわち、結婚、出産、転職などの従業者の自己都合による退職があっても従業者従事要件には抵触しないと考えられる。

(ハ)　合併後の配置転換

従業者従事要件を満たすためには、被合併法人から引き継いだ従業者が合併法人の業務に従事する必要があるが、被合併法人から引き継いだ事業以外の業務に従事したとしても問題にならない（法基通1－4－9）。

したがって、合併後に、被合併法人から引き継いだ従業者を合併前に合併法人が行っていた事業や新規に開始する事業に従事させたとしても、従業者従事要件に抵触しない。

(ニ)　合併の1か月前に人員整理を行った場合

従業者従事要件を満たすためには、被合併法人の合併の直前の従業者のうち、その総数のおおむね100分の80以上に相当する数の者を引き継げばよいことから、合併の1か月前に退職した従業者を引き継がなかったとしても、従業者従事要件に抵触しない。したがって、合併の1か月前に被合併法人の従業者を退職させ、合併の直前の従業者を引継予定の者のみにしたとしても、従業者従事要件を満たすことができる。

しかし、このような手法を認めてしまうと、容易に従業者従事要件が満たせることから、包括的租税回避防止規定（法法132の2）を適用すべきであるという考え方もあり得る。この点については、被合併法人の余剰人員を合併法人に引き継ぐことで合併法人の損益が悪化することを防ぐために、合併前に余剰人員を退職させてから合併を行うという行為には専ら経済人としての見地から見ても経済合理性が十分に認められることから、事業目的も十分に認められる場合が多いと思われる[12]。その一方で、合併前のリストラにより

被合併法人の従業者が不足してしまい、合併法人やそのグループ会社から人員を補充しなければならない事態が生じることが予測されるにもかかわらず、従業者従事要件を満たすためだけに、合併前にリストラを行った場合には、包括的租税回避防止規定が適用される可能性は否めない。なぜなら、合併が不成立になったと仮定すると、補充した従業者が元の会社に戻ることにより従業者の不足が生じて被合併法人の事業が成立しなくなり、事業の移転という従業者従事要件の制度趣旨に反してしまうからである。

このように、合併が不成立になったときに事業が毀損するようなリストラを行う場合には問題となるが、それ以外の場合には、従業者従事要件を満たすために合併前にリストラを行ったとしても、事業の移転という制度趣旨に反しないことから、包括的租税回避防止規定は適用されるべきではないと考えられる。

㈩　合併法人の従業者の取扱い

従業者従事要件を満たすためには、被合併法人の従業者が合併法人の業務に従事することが見込まれている必要があるが、合併法人の従業者の継続勤務は要求されていない。そのため、合併法人の従業者が合併を期に退職するような状況であっても、被合併法人の従業者のおおむね100分の80以上に相当する数の者が合併法人に引き継がれている限り、従業者従事要件を満たすことができる。

◆事業継続要件

事業継続要件を満たすためには、被合併法人の合併前に行う主要な事業が当該合併後に合併法人において引き続き行われることが見込まれている必要がある（法法２十二の八ロ(2)）[12]。なお、合併法

---

*12　同様の見解を示すものとして、入谷淳『租税回避をめぐる税務リスク対策－行為計算否認に備えた実務対応について』220頁（清文社、平成29年）参照。

*13　本書では、平成30年度税制改正で導入された、合併により引き継いだ主要な事業が合併法人との間に完全支配関係がある法人において引き続き行われることが見込まれている場合の特例については解説を省略している。

人において引き続き行われることが見込まれているかどうかは、合併時点の見込みで判定することから、合併後の後発事象により合併法人に引き継いだ事業を廃止せざるを得なくなった場合であっても、事業継続要件を満たすことができる。

　さらに、従業者従事要件と同様に、被合併法人が合併前に行っていた事業が引き続き行われることは要求されているが、合併法人が合併前に行っていた事業が引き続き行われることが見込まれている必要はない。そのため、合併法人の事業を廃止することが見込まれていたとしても、事業継続要件に抵触しない。

　実務上、事業継続要件で問題になりやすい事案として、㈶被合併法人に事業が存在するか不明な場合、㈹被合併法人から合併法人に対してのみ不動産の賃貸を行っている場合が挙げられる*14。このうち、前者については、どのような要件を満たせば事業が存在するといえるのかにつき争いがあり、実務上、統一見解は存在しない。とりわけ不動産賃貸業においては、従業者が存在しないことが多く、明確な判断ができないことが少なくない。後者については、合併により不動産の借り手と貸し手が同一になることから、不動産賃貸業という事業が存在しなくなるため、事業継続要件に抵触すると考えられる。

---

*14　そのほか、合併前に合併法人に事業が移転したことに伴う影響については、第3章参照。

2　制度趣旨

⑴　概　要

　平成12年10月に政府税制調査会法人課税小委員会から「会社分割・合併等の企業組織再編成に係る税制の基本的考え方」が公表された。本報告書では、「税制としても、企業組織再編成により資産の移転を行った場合にその取引の実態に合った課税を行うなど、適切な対応を行う必要がある」と記載されている。すなわち、圧縮記帳のような恩典として組織再編税制を位置づけるのではなく、あるべき制度として位置づけようとしていたことが読み取れる。この点につき、当時の大蔵省主税局（現財務省主税局）に所属されていた朝長英樹氏は、平成12年10月11日の講演において、「今回、会社分割だけを取り上げてパッチワークのような仕事を行い、現在生じている様々な問題をさらに複雑にしたり、さらに拡大したり、後代に付けを回すようなことをやるわけにはいかないという結論に至ったわけです」と述べられている*15。

　さらに、本報告書では、「法人がその有する資産を他に移転する場合には、移転資産の時価取引として譲渡損益を計上するのが原則であり、この点については、組織再編成により資産を移転する場合も例外ではない」としながらも、「組織再編成により資産を移転する前後で経済実態に実質的な変更が無いと考えられる場合には、課税関係を継続させるのが適当と考えられる。したがって、組織再編成において、移転資産に対する支配が再編成後も継続していると認

---

*15　朝長英樹『企業組織再編成に係る税制についての講演録集』22頁（日本租税研究協会、平成13年）。

められるものについては、移転資産の譲渡損益の計上を繰り延べることが考えられる」と記載されている。

このことから、組織再編税制は、非適格組織再編成を原則的な取扱いとしながらも、移転資産に対する支配が継続しているものについては適格組織再編成として取り扱う制度であるということがわかる。なお、移転資産に対する支配が継続しているとは、形式上は資産を他の法人に移転したが、実質上はまだその資産を保有しているといえる状態をいう[*16]。

このように、適格合併に該当した場合に帳簿価額で資産及び負債を引き継ぐことができるという任意規定ではなく、引き継がなければならないという強制規定であるという点に留意が必要である。

(2) グループ内の組織再編成

第1章で解説したように、平成12年10月に政府税制調査会法人課税小委員会から公表された「会社分割・合併等の企業組織再編成に係る税制の基本的考え方」では、以下のように記載されている。

「組織再編成により移転した資産の譲渡損益の計上が繰り延べられる企業グループ内の組織再編成は、現行の分割税制（現物出資の課税の特例制度）の考え方において採られているように、基本的には、完全に一体と考えられる持分割合の極めて高い法人間で行う組織再編成とすべきである。ただし、企業グループとして一体的な経営が行われている単位という点を考慮すれば、商法上の親子会社のような関係にある法人間で行う組織再編成についてもこの企業グループ内で行う組織再編成とみることが考えられる。

さらに、組織再編成による資産の移転を個別の資産の売買取引と区別する観点から、資産の移転が独立した事業単位で行われること、

---

*16　朝長前掲（*15）25頁。

組織再編成後も移転した事業が継続することを要件とすることが必要である。ただし、完全に一体と考えられる持分割合の極めて高い法人間で行う組織再編成については、これらの要件を緩和することも考えられる」。

このうち、前段を見ると、完全支配関係内の組織再編成に対して税制適格要件を認めることを基本としたうえで、支配関係内の組織再編成にまでその範囲を広げたということが読み取れる。そして、後段を見ると、支配関係内の組織再編成に対して、事業の移転及び継続を要求しながらも、完全支配関係内の組織再編成ではこれらの要件を緩和したということが読み取れる。

第1章で解説したように、前段部分を強調すれば、支配関係内の組織再編成が組織再編税制に混入してしまったため、事業の移転及び継続といった概念を入れざるを得なかっただけで、完全支配関係内の組織再編成には事業の移転及び継続という概念は不要であるという解釈を導き出すことができる。これに対し、後段部分を強調すれば、完全支配関係内の合併に対して、従業者従事要件及び事業継続要件という具体的要件を緩和しただけであって、基本的な理念からすれば、完全支配関係内の合併であっても、事業の移転及び継続が必要であるという解釈を導き出すことができる。

TPR事件では、完全支配関係内の合併であっても事業の移転及び継続が必要であると判示されたが、平成22年度税制改正と明らかに整合しないため、実務上は、TPR事件を考慮に入れながらも、平成22年度税制改正による修正が必要になってくる。

3 無対価合併における税制適格要件の判定

会社法上、無対価合併（被合併法人の株主等に対して、合併法人

株式やその他の資産を全く交付しない吸収合併）が認められている（会社法749①二）*17。そして、会社法上、合併法人が保有する被合併法人株式*18に対して合併対価資産を交付することが認められないため、合併法人が被合併法人の発行済株式の全部を保有している場合には、無対価合併を選択せざるを得ない（会社法749①三）。さらに、被合併法人と合併法人の株主構成が同一である場合には、対価を交付したとしても、対価を交付しなかったとしても、合併後の株主構成は変わらないため、何ら対価を交付しない無対価合併を行うことがある。

　このような無対価合併を行った場合に、法人税法上、金銭等不交付要件に抵触するか否かが問題になるが、条文上、被合併法人の株主等に合併法人株式又は合併親法人株式のいずれか一方の株式又は出資以外の資産が交付されないことが要件となっており、合併法人株式を交付することは求められていない（法法2十二の八）。そのため、合併法人株式を交付しなかったとしても、他の資産も交付されていないのであれば、金銭等不交付要件には抵触しない。

---

*17　会社法上、株式会社を合併法人とする吸収合併を行った場合には、吸収合併契約書に記載する事項として、「その株式又は持分に代わる金銭等を交付するときは」と規定されていることから（会社法749①二）、何ら対価を交付しない吸収合併も認められていると解され、持分会社を合併法人とする吸収合併についても同様に規定されている（会社法751①二、三）。このことは、吸収分割（会社法758四、760五）及び株式交換（会社法768①二、770①三）についても同様である。

　これに対し、株式会社を合併法人とする新設合併を行った場合には、新設合併契約書に記載する事項として、「その株式又は持分に代わる当該新設合併設立株式会社の株式の数（かっこ内省略）又はその数の算定方法（会社法753①六）」「株式の割当てに関する事項（同七）」「その株式又は持分に代わる当該新設合併設立株式会社の社債等を交付するときは（同八）」とそれぞれ規定されている。すなわち、何ら対価を交付しない新設合併が認められていないと解され、持分会社を合併法人とする新設合併についても同様に規定されている（会社法755①四、六、七）。このことは、新設分割（会社法763①六〜八、765①三、六、七）及び株式移転（会社法773①五〜八）についても同様である。

　このように、何ら対価を交付しない無対価組織再編成の議論は、吸収型再編である吸収合併、吸収分割及び株式交換のみの議論であるといえる。

*18　被合併法人の株式又は出資をいう。

また、合併法人が被合併法人の発行済株式の全部を保有している場合又は被合併法人と合併法人の株主構成が同一である場合には、対価を交付したとしても、対価を交付しなかったとしても、合併後の株主構成は変わらないことから、合併法人株式を交付したものとみなして合併処理を行うことが制度趣旨に合致すると考えられる。

　そのため、平成22年度税制改正及び平成30年度税制改正において、無対価合併を行った場合における税制適格要件の判定方法が明確になり、通常の税制適格要件に加え、以下に該当する事案に限り、税制適格要件を満たすことになった（法令4の3②～④）。

① 完全支配関係内の適格合併
　イ　当事者間の完全支配関係がある場合
　　　合併法人が被合併法人の発行済株式又は出資の全部を直接に保有している場合
　ロ　同一の者による完全支配関係がある場合
　　㈠　合併法人が被合併法人の発行済株式又は出資の全部を直接に保有している場合
　　㈡　被合併法人と合併法人の株主構成が同一の場合*19
② 支配関係内の適格合併
　イ　当事者間の支配関係がある場合
　　　被合併法人と合併法人の株主構成が同一の場合
　ロ　同一の者による支配関係がある場合
　　㈠　合併法人が被合併法人の発行済株式又は出資の全部を直接に保有している場合

---

*19　平成30年度税制改正前に認められていた「合併法人及び当該合併法人の発行済株式等の全部を保有する者が被合併法人の発行済株式等の全部を保有する関係」「被合併法人及び当該被合併法人の発行済株式等の全部を保有する者が合併法人の発行済株式等の全部を保有する関係」は、被合併法人と合併法人の株主構成が同一かどうかの判定において、「当該被合併法人及び合併法人を除く」と規定されていることから、平成30年度税制改正後も、株主構成が同一の場合に含まれると解される。

㈣　被合併法人と合併法人の株主構成が同一の場合
③　共同事業を行うための適格合併
　　被合併法人と合併法人の株主構成が同一の場合

　上記のうち、実務上、最も利用されるものは、①完全支配関係内の適格合併のうち、合併法人が被合併法人の発行済株式又は出資の全部を直接に保有している場合（すなわち、100％子会社との合併）と被合併法人と合併法人の株主構成が同一の場合（すなわち、100％兄弟会社との合併）の2つであると考えられる。
　なお、㈠直接保有に限定されており、間接保有が認められておらず、かつ、㈣被合併法人と合併法人の株主構成が同一であるか否かの判定において親族等が保有している株式又は出資が含まれないことから、以下のような無対価合併を行った場合には、非適格合併として取り扱われてしまうという点にご留意されたい。

■図表2－2　他の親族が保有している場合

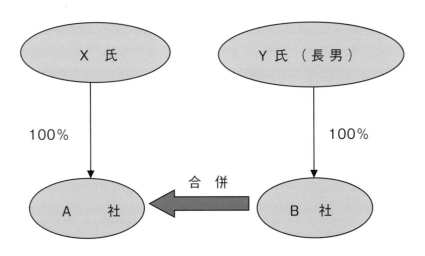

なお、平成30年度税制改正前は「一の者が被合併法人及び合併法人の発行済株式等の全部を保有する関係」と規定されていたが、改正後は「被合併法人及び合併法人の株主等（当該被合併法人及び合併法人を除く。）の全てについて、その者が保有する当該被合併法人の株式（出資を含む。以下この条において同じ。）の数（出資にあつては、金額。以下この条において同じ。）の当該被合併法人の発行済株式等（当該合併法人が保有する当該被合併法人の株式を除く。）の総数（出資にあつては、総額。以下この条において同じ。）のうちに占める割合と当該者が保有する当該合併法人の株式の数の当該合併法人の発行済株式等（当該被合併法人が保有する当該合併法人の株式を除く。）の総数のうちに占める割合とが等しい場合における当該被合併法人と合併法人との間の関係」と改められた（法令４の３②二ロ）。そのため、平成30年度税制改正により、株主等が複数である場合であっても、被合併法人と合併法人の株主等が同一であり、かつ、発行済株式又は出資の総数又は総額に占める割合も同一であれば、税制適格要件に抵触しないことになった。

　ただし、前述のように、発行済株式又は出資の総数又は総額に占める割合が同一であるかどうかの判定は、親族等が保有する株式又は出資を含めずに行うという点に留意が必要である。そのため、例えば、X氏がA社の発行済株式総数の100分の70に相当する数の株式とB社の発行済株式総数の100分の60に相当する数の株式を保有しており、Y氏がA社の発行済株式総数の100分の30に相当する数の株式とB社の発行済株式総数の100分の40に相当する数の株式を保有している場合には、税制適格要件に抵触することになる。

■図表２－３　税制適格要件を満たす場合

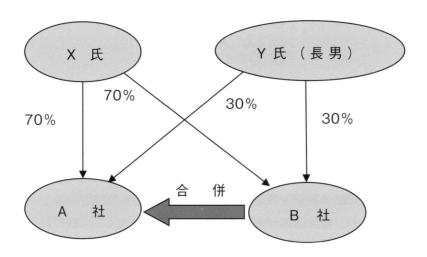

■図表２－４　税制適格要件を満たさない場合

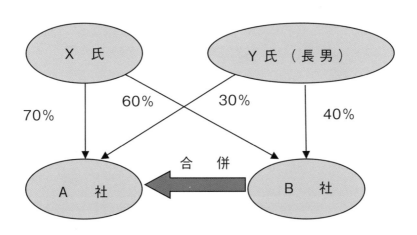

第2節 現金交付型の
      適格合併

　平成29年度税制改正により、合併法人が被合併法人の発行済株式
又は出資の総数又は総額の３分の２以上に相当する数又は金額の株
式又は出資を直接に保有している場合には、少数株主に対して交付
した合併対価資産が金銭等不交付要件の対象から除外された。
　そのため、合併法人が被合併法人の発行済株式又は出資の総数又
は総額の３分の２以上に相当する数又は金額の株式又は出資を直接
に保有する関係を築いた後に、現金交付型合併を行えば、適格合併
により少数株主を締め出すことが可能になる。

■図表２－５　現金交付型合併

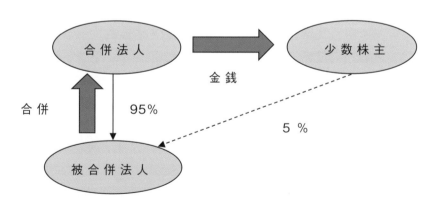

【補足】
　適格合併により被合併法人の資産及び負債を引き継いだ場合に

は、被合併法人の資産及び負債を帳簿価額で引き継ぐだけでなく（法法62の2①、法令123の3③）、資本金等の額及び利益積立金額も帳簿価額で引き継ぐことになる（法令8①五、9二）。そして、合併法人が保有していた被合併法人株式の帳簿価額に相当する金額が資本金等の額から減算されることになる。

さらに、現金交付型合併を行った場合には、合併により引き継ぐ資本金等の額の減算要因として取り扱われる。そのため、被合併法人の資本金等の額が100百万円であり、合併法人が保有している被合併法人株式の帳簿価額が10百万円であり、合併により交付した金銭の額が1百万円である場合には、合併により増加する資本金等の額は89百万円になる。

【合併受入仕訳】

① 資産及び負債の引継ぎ

（借）資　　　産　350百万円　　（貸）負　　　　　債　　500百万円

資本金等の額　　99百万円

未　払　金　　　1百万円

利益積立金額　△250百万円

② 抱き合わせ株式の消却

（借）資本金等の額　10百万円　　（貸）被合併法人株式　10百万円

なお、現金交付型合併を行っても、株主等の所在が不明である場合には、実際に金銭を交付することができないため、貸方の未払金については、最終的には時効が成立し、債務免除益が計上されることが多いと思われる。しかし、債務免除益が計上されたとしても、そもそも交付すべき金銭の額が少額であれば、益金の額に算入される金額も少額になるため、実務上、支障がないことがほとんどである。

第3節 非適格合併に該当した場合の問題点

　実務上、被合併法人が債務超過会社である場合には、合併法人が被合併法人の株主等に対して、合併対価資産を交付しない無対価合併を行うことが考えられる。そして、前述のように、対価の交付を省略したものと認められない場合には、当該無対価合併は非適格合併として取り扱われる。

　非適格合併を行った場合には、**図表2－6**のように、被合併法人が被合併法人の資産及び負債を時価で譲渡し、対価として合併対価資産を取得し、直ちに当該合併対価資産を被合併法人の株主等に対して交付したものとして課税所得の計算を行うことになる（法法62①）。

■図表2－6　非適格合併における譲渡損益の計算

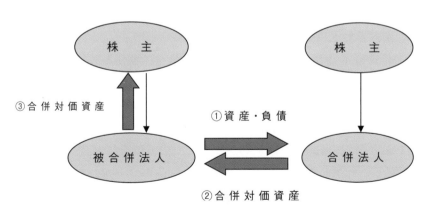

すなわち、無対価で非適格合併を行った場合には、合併法人から被合併法人に対して交付する合併対価資産の時価が０円になる。そして、被合併法人の簿価債務超過額が100百万円である場合には、譲渡原価の金額が△100百万円になる。そのため、被合併法人が保有する資産及び負債の含み損益の有無にかかわらず、100百万円の合併譲渡益が生じることになる。

【無対価の非適格合併】

（借）合併対価資産　　０百万円	（貸）資　　　産　　200百万円
負　　　債　300百万円	合併譲渡益　　100百万円

　さらに、被合併法人では繰越欠損金と当該合併譲渡益とを相殺することができるが、通常の解散を行った場合と異なり、非適格合併により解散する場合には、「清算中に終了する事業年度」が存在しないことから、法人税法59条４項に規定する特例欠損金（期限切れ欠損金）を使用することができない。

　これに対し、合併法人では、被合併法人から資産及び負債を０円で取得することから、簿価純資産価額と時価純資産価額が等しいと仮定すると、100百万円の資産調整勘定（のれん）が計上されるようにも思える（法法62の８①）。ただし、100百万円の資産調整勘定としての価値が認められず、合併法人から被合併法人に対する寄附があったと認められる場合には、寄附金として損金の額に算入することができない[20]。合併法人から被合併法人に対する寄附であれば、被合併法人において合併譲渡益に相当する金額が受贈益として

---

[20]　法人税法上、①合併により交付する合併対価資産の時価が約定日から合併の日までの間に高騰した場合、②被合併法人の欠損金額相当額を資産調整勘定として処理するという租税回避が行われている場合に対して、資産等超過差額として処理する旨の規定が定められている（法令123の10④⑥、法規27の16①）。しかし、実務上、これらに該当することはほとんどないため、本書では資産等超過差額の解説は行わない。

取り扱われるが、合併法人と被合併法人の間に法人による完全支配関係がない場合には、受贈益の益金不算入（法法25の2①）が適用されないため、受贈益として取り扱われたとしても、課税所得は変わらない。

【資産調整勘定としての価値が認められる場合】

（借）資　　　　産　200百万円　　（貸）負　　　　債　300百万円
　　　資産調整勘定　100百万円

【資産調整勘定としての価値が認められない場合】

（借）資　　　　産　200百万円　　（貸）負　　　　債　300百万円
　　　寄　附　金　100百万円

第4節 適格合併に該当する場合

1 基本的な取扱い

　実務上、子会社が債務超過である場合には、当該子会社を被合併法人とする吸収合併（救済合併）を検討することは少なくない。このような吸収合併が適格合併に該当した場合には、被合併法人の資産及び負債を帳簿価額で引き継ぐだけでなく（法法62の2①、法令123の3③）、資本金等の額及び利益積立金額も帳簿価額で引き継ぐことになる（法令8①五、9二）。そして、合併法人が保有していた被合併法人株式の帳簿価額に相当する金額が資本金等の額から減算されることになる。

　さらに、法人税法施行令9条1項柱書において、「減算」と規定されていることから、法人税法上、マイナスの利益積立金額の存在が認められており、同項2号の規定において、被合併法人から移転を受けた資産の帳簿価額から負債の帳簿価額と資本金等の額の合計額を減算した金額を合併法人の利益積立金額として受け入れることが明らかにされている。すなわち、被合併法人の利益積立金額が△80百万円であるならば、合併法人の利益積立金額が80百万円減少することになる。具体的な税務上の仕訳は、以下のとおりである。

【合併法人における仕訳】

＜適格合併による資産及び負債の引継ぎ＞

（借）資　　　産 50百万円　（貸）借　入　金　　 100百万円

　　　　　　　　　　　　　　　資本金等の額　　　 30百万円

　　　　　　　　　　　　　　　利益積立金額　　△80百万円

＜抱き合わせ株式の消却＞

（借）資本金等の額　30百万円　（貸）子会社株式　　 30百万円

＜混同による消滅＞

（借）借　入　金　100百万円　（貸）貸　付　金　　 100百万円

　これに対し、被合併法人でも、法人税法62条の２第１項及び同法施行令123条の３第１項において、資産及び負債を帳簿価額により引き継いだものとして課税所得の計算を行うことが規定されており、合併譲渡損益が生じないことが明らかにされている。

2　合併法人が被合併法人の債権を券面額未満で取得している場合

　しかし、合併法人が被合併法人に対する債権を安く取得している場合には、被合併法人から移転を受けた債務100百万円と、合併法人が合併前に有していた債権10百万円が混同（民法179）により消滅するため、債務消滅益が生じることになる。具体的には、以下の仕訳を参照されたい。

＜適格合併による資産及び負債の引継ぎ＞

（借）資　　　産　50百万円　（貸）借　　入　　金　　100百万円
　　　　　　　　　　　　　　　　　　資本金等の額　　　30百万円
　　　　　　　　　　　　　　　　　　利益積立金額　△80百万円

＜抱き合わせ株式の消却＞

（借）資本金等の額　30百万円　　（貸）子 会 社 株 式　30百万円

＜混同による消滅＞

（借）借　　入　　金　100百万円　（貸）貸　　付　　金　10百万円
　　　　　　　　　　　　　　　　　　債 務 消 滅 益　90百万円

　なお、債務消滅益が生じるのは合併法人であり、被合併法人ではないという点に留意が必要である。

3　合併法人と被合併法人の帳簿価額が異なる場合

　このような債務消滅益は、①合併法人における債権の帳簿価額と被合併法人における債務の帳簿価額が異なる場合、②合併法人における債務の帳簿価額と被合併法人における債権の帳簿価額が異なる場合にも生じることがある。

　本来であれば、両者の帳簿価額は一致しているはずであるが、実務上、両者の帳簿価額が一致していないことがある。もちろん、過去の経理処理の間違いによる場合には、修正申告などにより対応すべきであるが、債権・債務の認識基準の違いによる場合には、合併法人において債務消滅益などを認識する必要がある。

第5節 繰越欠損金と 特定資産

1 繰越欠損金の引継ぎ

(1) 基本的な取扱い

適格合併を行った場合には、被合併法人の繰越欠損金を合併法人に引き継ぐことができる（法法57②）。これは、適格合併を行った場合には、資産及び負債だけでなく、その計算要素も合併法人に引き継ぐべきだからである[21]。

ここで引き継ぐことができる繰越欠損金は、被合併法人の適格合併の日前10年以内に開始した各事業年度において生じた繰越欠損金のうち、繰越欠損金の繰越控除（法法57①）及び繰越欠損金の繰戻還付（法法80①）の適用を受けていない部分の金額に限られている。ただし、平成30年4月1日前に開始した事業年度において生じた繰越欠損金については、上記の10年を9年と読み替える必要がある（平成27年改正法附則27①）。なお、平成30年4月1日以後開始した事業年度において生じた繰越欠損金の繰越期限が令和10年以降になることから、以下では繰越期限が9年である前提で解説を行うこととする。

適格合併により引き継がれた被合併法人の繰越欠損金は、被合併

---

*21 朝長前掲（*15）34頁参照。

法人の当該繰越欠損金が生じた事業年度開始の日の属する合併法人の事業年度において生じた繰越欠損金とみなされる。ただし、合併法人の合併事業年度開始の日以後に開始した被合併法人の事業年度において生じた繰越欠損金は、合併法人の合併事業年度の前事業年度において生じた繰越欠損金とみなされる。具体的には**図表２－７**のとおりである。

■図表２－７　事業年度が一致している場合

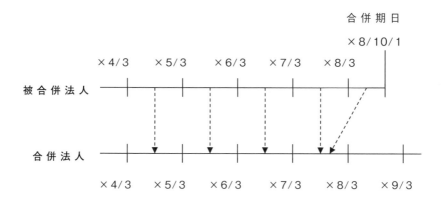

(イ)　被合併法人の×８年３月期において生じた繰越欠損金は事業年度開始の日である×７年４月１日の属する合併法人の事業年度が×８年３月期であることから、合併法人の×８年３月期において生じた繰越欠損金とみなされる。

(ロ)　被合併法人の×８年９月期において生じた繰越欠損金は合併法人の合併事業年度開始の日である×８年４月１日以後に開始した被合併法人の事業年度において生じた繰越欠損金であることから、合併法人の合併事業年度の前事業年度である×８年３月期の繰越欠損金とみなされる。

■図表２－８　事業年度が一致していない場合

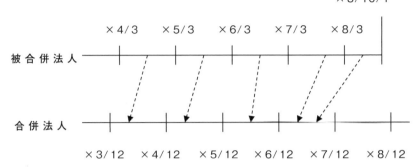

(イ)　被合併法人の×８年３月期において生じた繰越欠損金は事業年度開始の日である×７年４月１日の属する合併法人の事業年度が×７年12月期であることから、合併法人の×７年12月期において生じた繰越欠損金とみなされる[22]。

(ロ)　被合併法人の×８年９月期において生じた繰越欠損金は合併法人の合併事業年度開始の日である×８年１月１日以後に開始した被合併法人の事業年度において生じた繰越欠損金であることから、合併法人の合併事業年度の前事業年度である×７年12月期の繰越欠損金とみなされる。

(2)　合併法人が設立後９年を経過していない場合

　合併法人が設立してから９年[23]を経過していない場合には、繰

---

[22]　被合併法人の平成30年４月１日以後に開始した事業年度において生じた繰越欠損金が合併法人の平成30年３月31日までに開始した事業年度において生じた繰越欠損金とみなされた場合には、欠損金の繰越期限が９年になる。

[23]　平成30年４月１日以後に開始した事業年度において生じた繰越欠損金については10年。

越欠損金を帰属させるべき事業年度が設立前の事業年度であること
が考えられる。

　このような場合には、被合併法人の前9年内事業年度で繰越欠損
金が生じた事業年度のうち最も古い事業年度開始の日から合併法人
の設立事業年度開始の日の前日までの期間につき、当該期間に対応
する当該被合併法人の事業年度ごとに区分したそれぞれの期間（合
併法人の設立事業年度開始の日の前日の属する期間にあっては、合
併法人の設立事業年度開始の日の前日の属する被合併法人の事業年
度開始の日から合併法人の設立の日の前日までの期間）を当該合併
法人のそれぞれの事業年度とみなしたうえで、当該被合併法人の繰
越欠損金を引き継ぐことになる（法令112②）。具体的には**図表2－
9**のとおりである。

■図表2－9　設立の日が×6年10月1日の場合

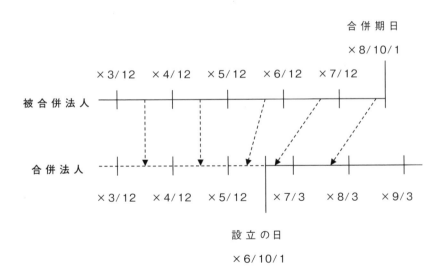

(ｲ)　合併法人の設立の日が×6年10月1日であり、それ以前の事業
　年度がないことから、被合併法人の繰越欠損金が生じた事業年度

のうち最も古い事業年度開始の日である×4年1月1日から合併
法人の設立事業年度開始の日の前日である×6年9月30日までの
期間を当該期間に対応する被合併法人の事業年度ごとに区分する
ことになる。

　その結果、被合併法人の×4年12月期、×5年12月期、×6年
12月期において生じた繰越欠損金は、合併法人における×4年12
月期、×5年12月期、×6年9月期において生じた繰越欠損金と
みなされることになる。

㈹　被合併法人の×7年12月期において生じた繰越欠損金は事業年
度開始の日である×7年1月1日の属する合併法人の事業年度が
×7年3月期であることから、合併法人の×7年3月期において
生じた繰越欠損金とみなされる。

(3)　期首合併と期中合併

　前述のように、適格合併を行った場合には、被合併法人の繰越欠
損金を合併法人に引き継ぐことができる（法法57②）。そして、繰
越欠損金を利用することができる事業年度は、合併法人の適格合併
の日の属する事業年度以後の各事業年度である。

　したがって、例えば、合併法人が3月決算法人である場合におい
て、×9年4月1日（期首）に合併するのか、×9年3月1日（期
中）に合併するのかで、被合併法人の繰越欠損金を利用することが
できる事業年度が異なってくる。

　具体的には、×9年4月1日（期首）に合併した場合には、合併
の日である×9年4月1日の属する×10年3月期から繰越欠損金を
利用することができるのに対し、×9年3月1日（期中）に合併し
た場合には、合併の日である×9年3月1日の属する×9年3月期
から繰越欠損金を利用することができるという違いがある。すなわ
ち、期首合併ではなく、期中合併を選択することにより、合併法人

において被合併法人の繰越欠損金を利用することができる事業年度が1年早くなる。

さらに、×9年3月31日に合併した場合には、被合併法人において、合併の日の前日である×9年3月30日でみなし事業年度を区切り（法法14①二）、合併の日である×9年3月31日以降の損益が合併法人に取り込まれることになる。そのため、合併法人において、被合併法人の繰越欠損金を×9年3月期から利用することができる。

また、被合併法人の適格合併の日前9年以内に開始した各事業年度*24において生じた繰越欠損金を合併法人に引き継げることから、×9年4月1日（期首）に合併した場合には、×0年4月1日以後に開始した事業年度である×1年3月期以降の繰越欠損金を合併法人に引き継ぐことができる。これに対して、×9年3月1日（期中）に合併した場合には、×0年3月1日以後に開始した事業年度である×1年3月期以降の繰越欠損金を合併法人に引き継ぐことができる。

したがって、合併法人と被合併法人の事業年度が同じである場合には、期首に合併するのではなく、期中に合併することで、被合併法人の繰越欠損金を早く利用することができるが、被合併法人のどの事業年度において生じた繰越欠損金を合併法人に引き継げるのかという点では同じ結論になる。

---

*24　平成30年4月1日以後に開始した事業年度において生じた繰越欠損金については、適格合併の日前10年以内に開始した各事業年度。

■図表2−10　期首合併の場合

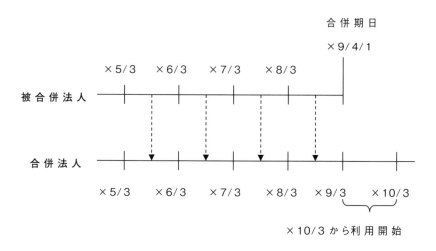

■図表2−11　期中合併の場合

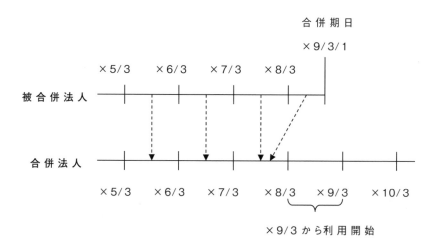

2 繰越欠損金の引継制限

　前述のように、被合併法人の繰越欠損金を合併法人に引き継ぐことができるが、支配関係が生じてから合併法人の合併事業年度[*25]開始の日まで5年を経過していない場合には、繰越欠損金の引継制限が課される（法法57③）。ただし、支配関係が生じてから合併法人の合併事業年度開始の日まで5年を経過していない場合であっても、①みなし共同事業要件を満たす場合又は②時価純資産超過額が繰越欠損金以上である場合は、それぞれ繰越欠損金の引継制限が課されない。具体的には、**図表2−12**のフローチャートのとおりである。

[*25]　適格合併の日の属する事業年度のことをいう。

■図表2-12　繰越欠損金の引継制限の判定フローチャート

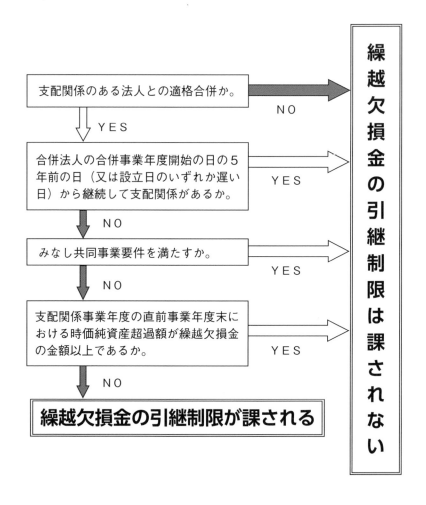

　このような引継制限が課されている理由は、「企業グループ内の
組織再編成については、共同で事業を営むための組織再編成に比べ
て適格組織再編成に該当するための要件が緩和されていることか
ら、例えば、繰越欠損金等を有するグループ外の法人を一旦グルー
プ内の法人に取り込んだ上で、グループ内の他の法人と組織再編成
を行うこととすれば、容易に繰越欠損金等を利用することも可能と

なってしまう」[*26]からである。

　ただし、支配関係が生じてから合併法人の合併事業年度開始の日まで5年を経過している場合や被合併法人の設立の日又は合併法人の設立の日から継続して支配関係がある場合には、「グループ外の法人を一旦グループ内の法人に取り込んだ」とはみなされないため、繰越欠損金の引継制限の対象から除外されている。

　そして、前述のとおり、支配関係が生じてから合併法人の合併事業年度開始の日まで5年を経過していない場合であっても、みなし共同事業要件を満たす場合には、繰越欠損金の引継制限は課されない。これは、グループ内の適格組織再編成の要件を満たしつつ、共同事業を行うための適格組織再編成の要件も満たすものについて、繰越欠損金の引継制限を課さないようにするためである[*27]。そのため、「みなし共同事業要件」といわれていることからもわかるように、共同事業を行うための適格組織再編成の要件に近いものとなっている。しかし、支配関係が生じてから合併法人の合併事業年度開始の日まで5年を経過していない適格組織再編成を前提としていることから、事業の実態を変化させることによりみなし共同事業要件を満たすことを防止するために、事業規模継続要件が課されていたり、特定役員引継要件における特定役員を支配関係発生日前に役員だった者に限定したりしている[*28]。

　さらに、支配関係が生じてから合併法人の合併事業年度開始の日まで5年を経過しておらず、かつ、みなし共同事業要件を満たさない場合であっても、被合併法人の支配関係事業年度[*29]の直前事業

＊26　朝長英樹ほか「法人税法の改正」『平成13年版改正税法のすべて』199頁（大蔵財務協会、平成13年）。

＊27　朝長前掲（＊26）199頁、経済団体連合会経済本部税制グループ『新しい企業組織再編税制』53頁（税務研究会出版局、平成13年）。

＊28　経済団体連合会経済本部税制グループ前掲（＊27）53－54頁。

＊29　支配関係発生日の属する事業年度（被合併法人が合併法人との間に最後に支配関係を有することとなった日の属する事業年度）をいう。

年度末において時価純資産超過額があったり、簿価純資産超過額が
軽微であったりするときは、繰越欠損金を利用するために被合併法
人を買収したとはいえないことから、法人税法施行令113条におい
て特例が定められている[*30]。

3 繰越欠損金の使用制限

　前述のように、適格合併を行った場合には、被合併法人の繰越欠
損金に対する引継制限が課されている。しかし、被合併法人の繰越
欠損金だけに制限を課し、合併法人の繰越欠損金に対して制限を課
さない場合には、逆さ合併を行うことにより、買収してきた法人の
繰越欠損金を不当に利用するような租税回避が考えられる。

　そのため、被合併法人から引き継いだ繰越欠損金だけでなく、合
併前に合併法人が保有していた繰越欠損金に対する使用制限も課さ
れている（法法57④）。具体的には、繰越欠損金の引継制限と同様
のフローチャートにより判定を行うことになる。

4 引継制限又は使用制限を受ける金額

　繰越欠損金の引継制限又は使用制限の対象となる金額は、以下の
とおりである（法法57③④）。
(イ)　支配関係事業年度前の各事業年度において生じた繰越欠損金の
　　全額
(ロ)　支配関係事業年度以後の各事業年度において生じた繰越欠損金
　　のうち特定資産譲渡等損失相当額

---

*30　朝長前掲（*15）95頁。

特定資産譲渡等損失相当額とは、支配関係事業年度以後の繰越欠損金のうち被合併法人又は合併法人が支配関係発生日の属する事業年度開始の日前から有していた資産[31][32]につき特定資産譲渡等損失額の損金不算入（法法62の7①）の規定を適用した場合に特定資産譲渡等損失額となる金額に達するまでの金額をいう（法令112⑤一、⑪）。

　このように、支配関係事業年度開始の日における繰越欠損金と資産の含み損に対して制限を課そうとしたことがわかる。

5　特定資産譲渡等損失額の損金不算入

　適格合併を行った場合には、被合併法人の資産及び負債を帳簿価額で引き継ぐことから（法法62の2①）、一方の当事会社が保有する資産の含み益と他方の当事会社が保有する資産の含み損を不当に相殺するようなことが考えられる。この点につき、朝長英樹「法人税法の改正」『平成13年版改正税法のすべて』221頁（大蔵財務協会、平成13年）においても、「50％を超える持分関係にある法人間での組織再編成については、共同で事業を営むための組織再編成に比べて適格組織再編成に該当するための要件が緩和されていることから、例えば、含み損を有するグループ外の法人を一旦グループ内の法人に取り込んだ上で、グループ内の他の法人と組織再編成を行う

---

*31　特定資産の定義が、「支配関係発生日の属する事業年度開始の日前から有していたもの」とされていることから（法法62の7②）、支配関係発生日の属する事業年度開始の日から支配関係発生日の前日までの間に譲渡等損失額を実現させた場合には、支配関係発生日前に生じた損失ではあるものの特定資産譲渡等損失相当額に該当することになる。

*32　極めて稀なケースであるが、適格合併の日以前2年以内に行われた適格組織再編成等により移転を受けた資産を特定資産に含めたうえで、特定資産譲渡等損失相当額の計算を行うことがある（法令112⑥〜⑧、⑪）。

こととすれば、容易にその含み損を利用することも可能な状態となってしまう」と記載されている。

　そのため、支配関係が生じてから合併法人の合併事業年度開始の日まで5年を経過しない法人との間で適格合併を行った場合には、特定資産（特定引継資産[*33]及び特定保有資産[*34]のことをいう）の譲渡、評価換え、貸倒れ、除却その他これらに類する事由から生じた損失について、特定資産譲渡等損失額の損金不算入が課されている（法法62の7①②）。ただし、繰越欠損金の引継制限・使用制限と同様に、①みなし共同事業要件を満たす場合又は②時価純資産超過額がある場合には、特定資産譲渡等損失額の損金不算入が課されない。

　なお、特定資産譲渡等損失額の損金不算入の計算において重要になるのは、以下に掲げる資産が特定資産から除外されるという点である（法令123の8②⑨）。

(イ)　棚卸資産（土地又は土地の上に存する権利を除く）

(ロ)　短期売買商品等及び売買目的有価証券

(ハ)　適格合併の日における帳簿価額又は取得価額が10百万円に満たない特定引継資産並びに適格合併の日の属する事業年度開始の日における帳簿価額又は取得価額が10百万円に満たない特定保有資産

(ニ)　支配関係発生日の属する事業年度開始の日における時価が同日における税務上の帳簿価額を下回っていない資産

(ホ)　非適格合併により移転を受けた資産で譲渡損益調整資産以外のもの

　このうち、(ハ)の帳簿価額又は取得価額に係る評価単位が下記のように定められていることから（法規27の15①）、ほとんどの資産が

---

*33　被合併法人から引き継いだ資産をいう。
*34　適格合併前に合併法人が保有していた資産をいう。

特定資産から除外されるため、特定資産譲渡等損失額の損金不算入の対象となるものは限定的である。

■図表２−13　評価単位

区　分		評価単位
一　金銭債権		債務者ごと
二　減価償却資産		
	イ　建物	一棟（建物の区分所有等に関する法律１条（建物の区分所有）の規定に該当する建物にあっては、同法２条１項（定義）に規定する建物の部分）ごと
	ロ　機械及び装置	一の生産設備又は一台若しくは一基（通常一組又は一式をもって取引の単位とされるものにあっては、一組又は一式）ごと
	ハ　その他	上記イ又はロに準じて区分する
三　土地等		一筆（一体として事業の用に供される一団の土地等にあっては、その一団の土地等）ごと
四　有価証券		銘柄の異なるごと
五　暗号資産		種類の異なるごと
六　その他の資産		通常の取引の単位を基準として区分する

6　みなし共同事業要件

(1)　概　要

　支配関係発生日から合併法人の合併事業年度開始の日までの期間が５年を経過していない場合であっても、みなし共同事業要件を満たすのであれば、繰越欠損金の引継制限・使用制限及び特定資産譲

渡等損失額の損金不算入は課されない。そして、みなし共同事業要件を満たすためには、以下の要件を満たす必要がある（法令112③⑩）。

① 事業関連性要件
② 事業規模要件
③ 事業規模継続要件
④ ②③を満たさない場合には、特定役員引継要件

(2) 事業関連性要件

吸収合併を行った場合において、事業関連性要件を満たすためには、被合併法人の被合併事業と合併法人の合併事業とが相互に関連する必要がある（法令112③一、⑩）。ここで、被合併事業とは被合併法人の合併前に営む主要な事業のうちのいずれかの事業をいい、合併事業とは合併法人の合併前に営む事業のうちのいずれかの事業をいう。

実務上、事業関連性のない法人を買収することは稀であることから、「関連性」があるかどうかよりも、そもそも「事業」があるかどうかという点が問題となる。

具体的に、「事業」があるか否かの判定は、以下のすべての要件に該当するか否かにより行われる（法規3①一）。

① 事務所、店舗、工場その他の固定施設を所有し、又は賃借していること。
② 従業者（役員にあっては、その法人の業務に専ら従事するものに限る）が存在すること。
③ 自己の名義をもって、かつ、自己の計算において次に掲げるいずれかの行為をしていること。
　(i) 商品販売等（商品の販売、資産の貸付け又は役務の提供で、継続して対価を得て行われるものをいい、その商品の開発若

しくは生産又は役務の開発を含む）

(ii)　広告又は宣伝による商品販売等に関する契約の申込み又は締結の勧誘

(iii)　商品販売等を行うために必要となる資料を得るための市場調査

(iv)　商品販売等を行うに当たり法令上必要となる行政機関の許認可等の申請又は当該許認可等に係る権利の保有

(v)　知的財産権の取得等をするための諸手続の実施又は知的財産権若しくは知的財産権等の所有

(vi)　商品販売等を行うために必要となる資産（固定施設を除く）の所有又は賃借

(vii)　上記に掲げる行為に類するもの

　そのため、実務上、問題となりやすい事案としては、固定施設が存在しなかったり、従業者が存在しなかったり、売上が反復継続的に計上されていなかったりする場合である。ただし、国税庁HP文書回答事例「投資法人が共同で事業を営むための合併を行う場合の適格判定について」において、上記３要素のすべてを満たした場合に事業があると判断するだけであり、必ずしも上記３要素のいずれかを満たせない合併について事業がないと判断するわけではないとされており、柔軟に対応すべき場合もあるという点に留意が必要である。

(3)　事業規模要件

①　基本的な取扱い

　吸収合併を行った場合において、事業規模要件を満たすためには、被合併法人の被合併事業とそれに関連する合併法人の合併事業のそれぞれの売上金額、それぞれの従業者の数、被合併法人と合併法人

のそれぞれの資本金の額[*35]若しくはこれらに準ずるものの規模の割合がおおむね5倍を超えないことが必要になる（法令112③二、⑩）。

　なお、売上金額、従業者の数、資本金の額及びこれらに準ずるもののすべての規模の割合がおおむね5倍以内である必要はなく、いずれか1つのみがおおむね5倍以内であれば事業規模要件を満たすことになる（法基通1-4-6（注））。

②　売上金額の比較

　売上金額を比較する際に問題になるのは、従業者の数や資本金の額と異なり、合併直前の一時点の売上金額だけではその会社の規模を把握するのに適切とはいえず、ある程度の一定期間の売上金額によって規模を判定する必要があることから、どの程度の期間の売上金額により判定すべきであるかという点である。

　この点については、合併の直前の規模を把握することから、会社の規模を把握することができる範囲内でなるべく短い期間の売上金額であることが望ましいようにも思われる。ただし、季節変動の激しい事業や短期的に売上が増減するような事業もあることから、1週間や1か月の売上金額が会社の規模を正しく反映していないことも少なくないため、1年間の売上金額をもって会社の規模を把握すべきであると考えられる。

　そのため、合併の直前までの間に異常な売上の増減がある場合を除き、合併の直前1年間の売上金額によって、事業規模要件を判定すべきであると考えられる[*36]。

---

*35　厳密には「資本金の額若しくは出資金の額」と規定されている。
*36　櫻井光照「企業組織再編税制について」租税研究670号68頁（平成17年）参照。

③　従業者の数の比較

　従業者の数については、売上金額と異なり、合併の直前における
規模を比較することになる。この場合における「従業者」とは、「従
業員」とは異なり、「合併の直前において被合併法人の合併前に行
う事業に現に従事する者」として定義されている（法基通１－４－
４）。

　そのため、従業員だけでなく、取締役、監査役、執行役、出向受
入社員、派遣社員、アルバイトやパートタイムで働いている者など
が含まれる。また、他社に出向している者は、たとえ従業員であっ
ても、合併法人又は被合併法人の事業に従事していないことから、
「従業者」からは除かれる。

④　資本金の額の比較

　資本金の額についても、合併の直前における規模を比較すること
になる。この場合の「資本金の額」とは、会社法上の資本金の額の
ことをいい、法定準備金や剰余金は含まれない。そのため、簿価純
資産価額が大きく異なるにもかかわらず、資本金の額の規模の割合
が５倍以内であることを理由として、事業規模要件を満たしてしま
う事案も少なくない。

　さらに、売上金額及び従業者の数は、合併直前までに規模が変動
することから、まずは資本金の額の規模の割合が５倍以内であるか
否かを判定し、資本金の額で事業規模要件を満たせない場合に、売
上金額又は従業者の数を把握することが多いと思われる。

⑤　これらに準ずるものの規模の割合

　法人税基本通達１－４－６では、「これらに準ずるものの規模」
とは、「例えば、金融機関における預金量等、客観的・外形的にそ
の事業の規模を表すものと認められる指標」を指すとされている。

　具体的にどのようなものが「客観的・外形的」にその事業の規模

を表すのかについては明らかにされていないが、その事業の属する業界において、事業規模を表す指標として認識されている指標があれば、それを使用することができると考えられる。

(4) 事業規模継続要件

吸収合併を行った場合における事業規模継続要件の具体的な内容は、以下のとおりである。

① 被合併事業が、被合併法人が合併法人との間に最後に支配関係を有することとなった時[37]から適格合併の直前の時まで継続して行われており、かつ、最後に支配関係を有することとなった時と当該適格合併の直前の時における当該被合併事業の規模の割合がおおむね2倍を超えないこと（法令112③三、⑩）

② 合併事業が、合併法人が被合併法人との間に最後に支配関係を有することとなった時から適格合併の直前の時まで継続して行われており、かつ、最後に支配関係を有することとなった時と当該適格合併の直前の時における当該合併事業の規模の割合がおおむね2倍を超えないこと（法令112③四、⑩）

事業規模継続要件は、合併直前に規模を増減させることにより、事業規模要件を形式的に満たそうとする租税回避を防止するために設けられた要件であると考えられる。

事業規模継続要件で判定する指標は、事業規模要件の判定において用いた指標に限られるという点にも留意が必要である。例えば、資本金の額が事業規模要件を満たすと判定された場合には、事業規

---

*37　最後に支配関係を有することとなった時から適格合併の直前の時までの間に被合併法人又は合併法人を合併法人、分割承継法人又は被現物出資法人とする適格合併、適格分割又は適格現物出資（以下、「直前適格合併等」という）を行い、かつ、当該直前適格合併等により被合併事業又は合併事業の全部又は一部の移転を受けている場合には、特例が設けられている（法令112③三、四、⑩）。

模継続要件が課されるのは資本金の額のみであり、売上金額及び従業者の数に対しては事業規模継続要件が課されない。

　したがって、事業関連性要件を満たしている場合において、売上金額、従業者の数、資本金の額若しくはこれらに準ずるもののうち、事業規模要件と事業規模継続要件の両方を満たす指標がいずれかひとつでもあれば、みなし共同事業要件を満たすことができる。そして、事業規模要件と事業規模継続要件の両方を満たす指標がない場合にみなし共同事業要件を満たすためには、後述する特定役員引継要件を満たす必要がある。

■図表２－14　事業規模要件及び事業規模継続要件

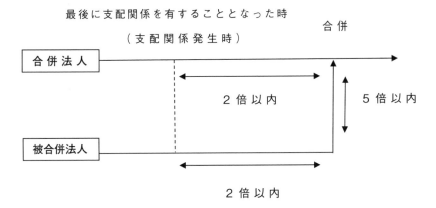

(5)　特定役員引継要件

　吸収合併を行った場合において、特定役員引継要件を満たすためには、合併前の被合併法人の特定役員のいずれかの者と合併法人の特定役員のいずれかの者とが、合併後に合併法人の特定役員になることが見込まれていることが必要になる（法令112③五、⑩）。そし

て、特定役員とは、社長、副社長、代表取締役、代表執行役、専務取締役、常務取締役又はこれらに準ずる者で法人の経営に従事している者をいう（法令112③五かっこ書）。

　特定役員の引継ぎについては、「いずれかの者と」と規定されていることから、被合併法人の特定役員1人以上と合併法人の特定役員1人以上が、合併後に合併法人の特定役員になることが見込まれていれば足りるため、全員が合併法人の特定役員になることまでは要求されていない。そして、特定役員が合併後の合併法人においていつまで勤務する必要があるのかについては、自然な退職である限り、原則として、通常の任期を全うすれば問題ないと考えられる。

　なお、事業規模継続要件が設けられた趣旨と同様に、これらの特定役員は、支配関係発生日前（支配関係が設立により生じたものである場合には、同日）に、役員であった者に限定されている。

■図表2−15　特定役員引継要件

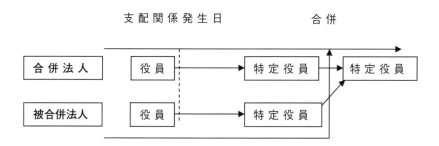

7 合併前に合併法人が被合併法人の発行済株式の全部を備忘価額で取得する手法

　前述のように、無対価合併を行った場合には、対価の交付を省略したと認められる場合を除き、非適格合併として取り扱われる（法令４の３②～④）。すなわち、**図表２－16**のように、親族等が保有している法人との合併であっても、合併法人株式を交付していればＹ氏（長男）が合併後に合併法人株式を保有するが、無対価合併を行うと、合併後に合併法人株式を保有していない状態になってしまうことから、対価の交付を省略したとは認められず、非適格合併として取り扱われることになる。

■図表２－16　親族等が保有している会社との無対価合併

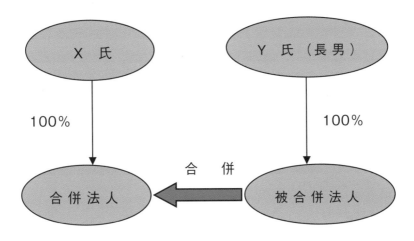

　そのため、債務超過会社を被合併法人とする吸収合併が非適格合併にならないようにするために、合併前に合併法人が被合併法人の

発行済株式又は出資の全部を備忘価額で取得する手法が採用されることがある。この場合には、同一の者による完全支配関係だけでなく、新たに当事者間の完全支配関係も生じることになるが、平成22年度税制改正により新たに支配関係が生じたと考えるのではなく、株式異動が行われる前から支配関係が継続していると考えることが明らかにされたため[*38]、X氏とY氏（長男）による支配関係が生じてから5年が経過しているのであれば、繰越欠損金の引継制限（法法57③）、使用制限（法法57④）及び特定資産譲渡等損失額の損金不算入（法法62の7）は課されない。

■図表2－17　合併前に合併法人が被合併法人の発行済株式の全部を備忘価額で取得する手法

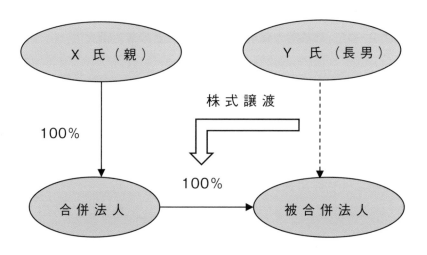

*38　佐々木浩ほか「法人税法の改正」『平成22年版改正税法のすべて』288－289頁（大蔵財務協会、平成22年）、国税庁HP質疑応答事例「株式の保有関係が変更している場合の青色欠損金額の引継ぎ」、国税庁HP文書回答事例「株式の保有関係が変更している場合の支配関係の継続要件の判定について」。

第6節 欠損等法人

1 概　要

　外部から繰越欠損金や含み損のある資産を有する欠損等法人を買収した場合において、一定の事由に該当するときは、特定株主等によって支配された欠損等法人の欠損金の繰越しの不適用（法法57の2）及び特定株主等によって支配された欠損等法人の資産の譲渡等損失額の損金不算入（法法60の3）がそれぞれ課されることがある。

　もちろん、買収した欠損等法人が含み損のある資産を有している場合には、特定株主等によって支配された欠損等法人の資産の譲渡等損失額の損金不算入の検討が必要になるが、実務上は、買収後に実現する損失よりも買収時点で存在する繰越欠損金のほうが問題になりやすいことから、特定株主等によって支配された欠損等法人の欠損金の繰越しの不適用が課されるかどうかを最初に検討することが多い。さらに、欠損等法人が保有している資産に含み損があったとしても、買収後に実現しないことも少なくなく、特定株主等によって支配された欠損等法人の資産の譲渡等損失額の損金不算入が問題になることはそれほど多くはない。そのため、本節では、特定株主等によって支配された欠損等法人の欠損金の繰越しの不適用のみを解説するものとする。

　まず、特定株主等によって支配された欠損等法人の欠損金の繰越しの不適用が課されるか否かについては、**図表2－18のフロー**

チャートにより判定を行うことになる（法法57の2①）。

■図表2－18　特定株主等によって支配された欠損等法人の欠損
　金の繰越しの不適用の判定

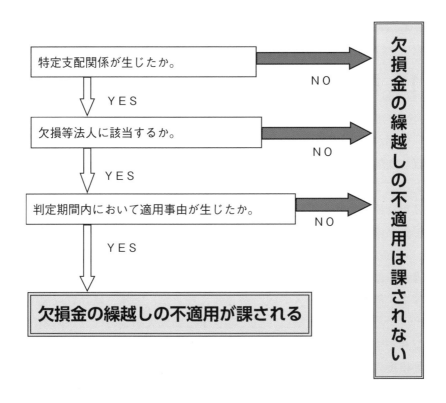

そして、「該当することとなつた日（かっこ内省略）の属する事業年度（以下この条において「適用事業年度」という。）以後の各事業年度においては、当該適用事業年度前の各事業年度において生じた欠損金額については、前条第1項の規定は、適用しない（法法57の2①）」と規定されていることから、支配日[39]の属する事業年

---

*39　特定支配関係を有することとなった日のことをいう。

度前の各事業年度において生じた繰越欠損金であるのか、支配日の属する事業年度以後の各事業年度において生じた繰越欠損金であるのかにかかわらず、適用事業年度前の各事業年度において生じた繰越欠損金の全額が使用制限の対象になる。

　すなわち、前述の組織再編税制では、支配関係事業年度前の繰越欠損金と支配関係事業年度以後の繰越欠損金のうち特定資産譲渡等損失相当額が制限対象となっていたが（法法57③）、特定株主等によって支配された欠損等法人の欠損金の繰越しの不適用では、支配日の属する事業年度前の繰越欠損金だけでなく、支配日の属する事業年度以後の繰越欠損金についても使用制限を受けることになる。

■図表２－19　適用事業年度と使用制限を受ける繰越欠損金

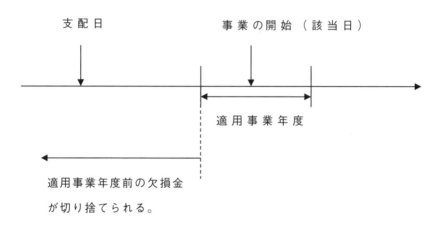

　さらに、特定支配関係が解消された後の事業年度を除く旨の規定がないことから、特定支配関係が解消された後であっても、特定株主等によって支配された欠損等法人の欠損金の繰越しの不適用が課されると解されるため、本規定が適用された繰越欠損金が復活することはないと考えられる。

2　特定支配関係

(1)　基本的な取扱い

　特定株主等によって支配された欠損等法人の欠損金の繰越しの不適用は、繰越欠損金を不当に利用するために欠損等法人を買収する行為に対して課された規定である。そのため、他の者が欠損等法人を支配する関係（以下、「特定支配関係」という）が生じた場合に使用制限が課されることになる。

　特定支配関係とは、以下のいずれかの関係をいうが、他の者（法人に限る）と欠損等法人との間に同一の者による支配関係がある場合が除かれている（法法57の２①、法令113の３①②、法法２十二の七の五、法令４の２①）。

・他の者である一の法人が、欠損等法人の発行済株式又は出資の総数又は総額の100分の50を超える数又は金額の株式又は出資を直接又は間接に保有する関係
・他の者である一の個人が、欠損等法人の発行済株式又は出資の総数又は総額の100分の50を超える数又は金額の株式又は出資を直接又は間接に保有する関係

(2)　間接保有の取扱い

　特定支配関係は、他の者による欠損等法人に対する直接保有割合だけでなく、間接保有割合を含めて判定を行うことになる（法法２十二の七の五、法令４の２①、113の３①）。ただし、他の者と欠損等法人との間に同一の者による支配関係がある場合には、特定支配関係から除外されている（法令113の３①②）。例えば、Ｐ社がＡ

社の発行済株式総数の100分の50を超える数の株式を保有し、A社がB社の発行済株式総数の100分の50を超える数の株式を保有している場合には、P社とA社及びP社とB社の間に特定支配関係が生じるが、A社とB社の間に特定支配関係は生じないことになる。

そのため、ある法人（X社）を買収する場合において、X社の子会社（Y社）が欠損等法人に該当する場合には、買収の日にX社とY社との間の特定支配関係が解消され、買収会社とY社との間に特定支配関係が生じたと考えることになる。

このように、特定支配関係は、最上位の法人株主又は個人株主により支配されているか否かにより判定するという特徴がある。

(3) 特定支配関係が生じない場合

欠損等法人の発行済株式又は出資の総数又は総額の100分の50を超える数又は金額の株式又は出資が取得されたとしても、以下のいずれかに該当する場合において、一定の要件を満たすときは、特定支配関係は生じないものとされている（法法57の2①、法令113の3⑤）。

① 適格合併、適格分割若しくは適格現物出資又は適格株式交換等若しくは適格株式移転[40]

② 欠損等法人に対する債務処理計画に基づいて行われる当該欠損等法人の株式の発行又は譲渡

---

[40] 内国法人（他の者との間に当該他の者による特定支配関係があるものに限る）が関連者（当該他の者との間に当該他の者による特定支配関係がある者をいう）との間に当該関連者による特定支配関係を有することとなるものを除く。

3 欠損等法人

　欠損等法人とは、特定支配事業年度において以下のいずれかを有する法人のことをいい、特定支配事業年度とは、特定支配関係を有することとなった日の属する事業年度のことをいう(法法57の2①)。

・特定支配事業年度前の各事業年度において生じた欠損金額
・特定支配事業年度開始の日において有する資産のうち同日における価額が帳簿価額に満たない評価損資産

　評価損資産とは、固定資産、土地（土地の上に存する権利を含み、固定資産に該当するものを除く）、有価証券（売買目的有価証券及び償還有価証券を除く[*41]）、金銭債権、繰延資産、繰延譲渡損失及び資産調整勘定のうち、特定支配事業年度開始の日における価額が同日における帳簿価額に満たない資産をいうが、当該含み損の金額が当該欠損等法人の資本金等の額の2分の1に相当する金額[*42]と10百万円のいずれか少ない金額に満たないものは除かれている（法令113の3⑥）[*43]。

　そして、含み損の金額が上記のいずれか少ない金額に満たないかどうかの判定は、以下の評価単位により行うことになる（法規26の5①、27の15①）[*44]。

---

*41　グループ通算制度を採用している場合には、他の通算法人の株式又は出資も評価損資産の対象から除外されることになる。

*42　含み損の金額が特定支配事業年度開始の日における価額及び帳簿価額により計算されることから、同日における資本金等の額により判定を行うものと考えられる。

*43　資本金等の額が20百万円以上である場合には、資本金等の額の2分の1に相当する金額と10百万円のいずれか少ない金額は10百万円になる。

*44　特定資産譲渡等損失額の損金不算入の規定と異なり、暗号資産は、固定資産、土地、有価証券、金銭債権、繰延資産、繰延譲渡損失及び資産調整勘定のいずれにも該当しないことから、評価損資産の対象にはならないと考えられる。

■図表2−20　評価単位

区　分		評価単位
一　金銭債権		債務者ごと
二　減価償却資産		
	イ　建物	一棟（建物の区分所有等に関する法律1条（建物の区分所有）の規定に該当する建物にあっては、同法2条1項（定義）に規定する建物の部分）ごと
	ロ　機械及び装置	一の生産設備又は一台若しくは一基（通常一組又は一式をもって取引の単位とされるものにあっては、一組又は一式）ごと
	ハ　その他	上記イ又はロに準じて区分する
三　土地等		一筆（一体として事業の用に供される一団の土地等にあっては、その一団の土地等）ごと
四　有価証券		銘柄の異なるごと
五　その他の資産		通常の取引の単位を基準として区分する

4　適用事由

　以下のいずれかに該当する場合において、一定の事由に該当したときは、特定株主等によって支配された欠損等法人の欠損金の繰越しの不適用が課されることになる。なお、ここでは、特定株主等によって支配された欠損等法人の欠損金の繰越しの不適用が課される事由のことを「適用事由」と表記している（法法57の2①）。

①　当該欠損等法人が当該支配日の直前において事業を営んでいない場合（清算中の場合を含む）において、当該支配日以後に事業

を開始すること（清算中の当該欠損等法人が継続することを含む）。

② 当該欠損等法人が当該支配日の直前において営む事業（以下、②において「旧事業」という）の全てを当該支配日以後に廃止し、又は廃止することが見込まれている場合において、当該旧事業の当該支配日の直前における事業規模のおおむね5倍を超える資金の借入れ又は出資による金銭その他の資産の受入れ（合併又は分割による資産の受入れを含む。③において「資金借入れ等」という）を行うこと。

③ 当該他の者又は関連者が当該他の者及び関連者以外の者から当該欠損等法人に対する特定債権を取得している場合（当該支配日前に特定債権を取得している場合を含むものとし、当該特定債権につき当該支配日以後に債務免除等を行うことが見込まれている場合その他の政令で定める場合を除く）において、当該欠損等法人が旧事業の当該支配日の直前における事業規模のおおむね5倍を超える資金借入れ等を行うこと。

④ 「欠損等法人が当該支配日の直前において事業を営んでいない場合」「欠損等法人が当該支配日の直前において営む事業の全てを当該支配日以後に廃止し、又は廃止することが見込まれている場合」「他の者又は関連者が当該他の者及び関連者以外の者から当該欠損等法人に対する特定債権を取得している場合」のいずれかに該当する場合において、当該欠損等法人が自己を被合併法人とする適格合併を行い、又は当該欠損等法人（他の内国法人との間に当該他の内国法人による完全支配関係があるものに限る）の残余財産が確定すること。

⑤ 当該欠損等法人が当該特定支配関係を有することとなったことに基因して、当該欠損等法人の当該支配日の直前の特定役員の全てが退任（業務を執行しないものとなることを含む）をし、かつ、当該支配日の直前において当該欠損等法人の業務に従事する使用

人（以下、「旧使用人」という）の総数のおおむね100分の20以上に相当する数の者が当該欠損等法人の使用人でなくなった場合において、当該欠損等法人の非従事事業（当該旧使用人が当該支配日以後その業務に実質的に従事しない事業をいう）の事業規模が旧事業の当該支配日の直前における事業規模のおおむね5倍を超えることとなること。

　欠損等法人を合併法人とする適格合併を行った場合には、合併による事業の受入れにより、上記①の事業の開始に該当したり、②③⑤の事業規模の拡大に繋がったりすることが考えられる。そして、欠損等法人を被合併法人とする適格合併を行った場合には、上記④に該当することが考えられる。

　このように、欠損等法人を合併法人又は被合併法人とする適格合併を行うことにより適用事由に該当する可能性があるため、ご留意されたい。

5　判定期間

　特定株主等によって支配された欠損等法人の欠損金の繰越しの不適用は、支配日から以下のいずれか早い日までに適用事由が生じた場合に課されるが、その後に適用事由が生じた場合には課されない（法法57の2①、法令113の3⑦〜⑨）。

① 　支配日以後5年を経過した日の前日

② 　他の者による特定支配関係を有しなくなった日

③ 　一定の債務の免除その他の行為があった日

④ 　欠損等法人において更生手続開始の決定等があった日

⑤ 　欠損等法人が解散した日（解散後の継続、資金借入れ等又は残余財産の確定（他の内国法人との間に当該他の内国法人による完

全支配関係がある場合に限る）の見込みがないものに限り、支配
日前の解散及び合併による解散を除く）

6 欠損等法人を合併法人とする適格合併を行った場合

　適用事由に該当した日（以下、「該当日」という）以後に欠損等
法人を合併法人とする適格合併を行ったとしても、被合併法人の繰
越欠損金を欠損等法人に引き継ぐことは認められていない（法法57
の2②一）。つまり、欠損等法人の適用事業年度前の各事業年度に
おいて生じた繰越欠損金だけでなく、適格合併により被合併法人か
ら引き継げるはずの繰越欠損金に対しても使用制限が課されること
になる。
　すなわち、(i)欠損等法人に該当するペーパー会社を買収し、(ii)当
該ペーパー会社が事業会社の株式又は出資を取得し、(iii)ペーパー会
社を合併法人、事業会社を被合併法人とする適格合併を行う場合に
は、適格合併による事業の受入れが事業の開始に該当することから、
「欠損等法人が当該支配日の直前において事業を営んでいない場合
において、当該支配日以後に事業を開始すること」（「**4　適用事由**」
の①）に該当することになる。そして、合併により事業を受け入れ
た日が該当日であり、当該該当日以後に欠損等法人が自己を合併法
人とする適格合併を行っていることから、欠損等法人であるペー
パー会社は被合併法人である事業会社の繰越欠損金を引き継ぐこと
ができない。このように、事業会社の株式又は出資を買収する受け
皿として欠損等法人を使用し、当該欠損等法人を合併法人とする適
格合併を行った場合には、欠損等法人の繰越欠損金だけではなく、
事業会社の繰越欠損金も制限を受けることになる。

■図表２−21　欠損等法人を受皿会社とする買収

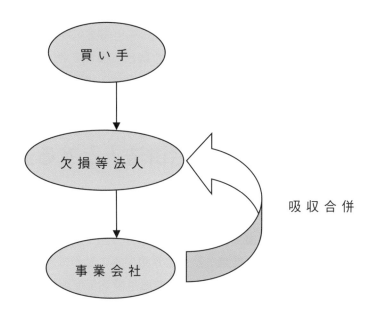

　さらに、例えば、製造業を営むＡ社を買収するために、Ａ社の100％親会社であるＰ社の発行済株式の全部を取得した場合において、Ｐ社が欠損等法人に該当し、かつ、Ｐ社に事業がなかったときに、Ｐ社を合併法人とし、Ａ社を被合併法人とする適格合併を行うと、適用事由に該当することから、上記と同じ問題が生じることになる[45]。そのため、事業会社と資産管理会社をセットで買収する場合には、当該資産管理会社が欠損等法人に該当するかどうかを慎重に検討する必要がある。

　上記の制限を受ける場合には、原則として、被合併法人の繰越欠損金の全額に対して引継制限が課されることになる。しかし、当該適格合併が当該欠損等法人の適用事業年度開始の日以後３年を経過する日（その経過する日が支配日以後５年を経過する日後となる場

---

[45]　西村美智子・鯰繩明美「欠損金のあるオーナーの資産管理会社を買収し合併した場合の欠損金の制限（欠損等法人）」国税速報6042号26−27頁（平成21年）。

合には、同日）後に行われるものである場合には、適用事業年度開始の日前に開始した各事業年度において生じた繰越欠損金を引き継ぐことはできないが（法法57の2②一）、適用事業年度開始の日以後に開始した各事業年度において生じた繰越欠損金を合併法人である欠損等法人に引き継ぐことができるか否かは、組織再編税制（法法57③）により判断することになる。

7　欠損等法人を被合併法人とする適格合併を行った場合

　欠損等法人が適用事由に該当した場合には、適用事業年度前の各事業年度において生じた繰越欠損金を使用することができない（法法57の2①）。そのため、欠損等法人の適用事業年度前の各事業年度において生じた繰越欠損金を適格合併により合併法人に引き継ぐことに対しても制限が課されている（法法57の2④）。また、適用事業年度以後の各事業年度において生じた繰越欠損金を引き継ぐことができるか否かは、組織再編税制（法法57③）により判断することになる。

　もちろん、適用事由に該当した場合には、欠損等法人の繰越欠損金を合併法人に引き継ぐことが制限されるが、適用事由に該当しない場合には、組織再編税制における繰越欠損金の引継制限（法法57③）に該当しない限り、欠損等法人の繰越欠損金を合併法人に引き継ぐことができる。

　そのため、前述4の適用事由のうち、「欠損等法人が自己を被合併法人とする適格合併を行うこと」（④の事由）が問題になりやすいということがいえる。すなわち、前述のように、「欠損等法人が当該支配日の直前において事業を営んでいない場合」「欠損等法人が当該支配日の直前において営む事業の全てを当該支配日以後に廃

止し、又は廃止することが見込まれている場合」「他の者又は関連者が当該他の者及び関連者以外の者から当該欠損等法人に対する特定債権を取得している場合」のいずれかに該当する場合において、当該欠損等法人が自己を被合併法人とする適格合併を行うときは、適用事由に該当することになる（法法57の2①四）。なお、この場合における「該当日」は、適格合併の日の前日であることから、被合併法人の最後事業年度の前事業年度までの各事業年度において生じた繰越欠損金に対して使用制限が課されることになる。

　そして、「欠損等法人が当該支配日の直前において営む事業の全てを当該支配日以後に廃止し、又は廃止することが見込まれている場合」と規定されていることから（法法57の2①二参照）、適格合併により欠損等法人の事業を合併法人に引き継いだとしても、適格合併後に合併法人において当該欠損等法人から引き継いだ事業を廃止することが見込まれている場合には、上記の使用制限が課されることになる。そのため、適格合併の直前に事業が存在したことで組織再編税制における事業関連性要件（法令112③一）を満たせたとしても、欠損等法人の規制を受けることもあり得る。

　また、前述のように、適格合併により被合併法人（欠損等法人）の適用事業年度（最後事業年度）前の各事業年度において生じた繰越欠損金を合併法人に引き継ぐことはできないが（法法57の2④）、適用事業年度（最後事業年度）において生じた繰越欠損金を合併法人に引き継ぐことができるか否かは、組織再編税制により判断することになる。

第7節 包括的租税回避防止規定

1 概　要

(1) 法人税法132条の2

　法人税法では、組織再編税制に係る包括的租税回避防止規定が以下のように定められている。

【法人税法】

> （組織再編成に係る行為又は計算の否認）
> 第132条の2　税務署長は、合併、分割、現物出資若しくは現物分配（第2条第12号の5の2（定義）に規定する現物分配をいう。）又は株式交換等若しくは株式移転（以下この条において「合併等」という。）に係る次に掲げる法人の法人税につき更正又は決定をする場合において、その法人の行為又は計算で、これを容認した場合には、合併等により移転する資産及び負債の譲渡に係る利益の額の減少又は損失の額の増加、法人税の額から控除する金額の増加、第1号又は第2号に掲げる法人の株式（出資を含む。第2号において同じ。）の譲渡に係る利益の額の減少又は損失の額の増加、みなし配当金額（第24条第1項（配当等の額とみなす金額）の規定

により第23条第１項第１号又は第２号（受取配当等の益金不算入）に掲げる金額とみなされる金額をいう。）の減少その他の事由により法人税の負担を不当に減少させる結果となると認められるものがあるときは、その行為又は計算にかかわらず、税務署長の認めるところにより、その法人に係る法人税の課税標準若しくは欠損金額又は法人税の額を計算することができる。

　　一　合併等をした法人又は合併等により資産及び負債の移転を受けた法人

　　二　合併等により交付された株式を発行した法人（前号に掲げる法人を除く。）

　　三　前二号に掲げる法人の株主等である法人（前二号に掲げる法人を除く。）

　このように、包括的租税回避防止規定の射程は、「合併、分割、現物出資若しくは現物分配（かっこ内省略）又は株式交換等若しくは株式移転」であることから、事業譲渡や株式譲渡は対象になっていない。さらに、法人税法57条２項において、残余財産の確定による繰越欠損金の引継ぎが認められているが、同法132条の２の適用対象にはならないため、残余財産の確定により繰越欠損金を引き継いだことが、法人税の負担を不当に減少させる結果となると認められる場合には、同法132条に規定されている同族会社等の行為又は計算の否認を検討することになる。

⑵　繰越欠損金を利用するための適格合併

①　親会社を合併法人とする適格合併

　適格合併を行った場合には、被合併法人の繰越欠損金を合併法人

に引き継ぐことができる（法法57②）。そして、支配関係発生日から合併法人の合併事業年度開始の日まで５年を経過していない場合には、繰越欠損金の引継制限が課されるが、５年を経過している場合には、繰越欠損金の引継制限が課されない（法法57③）。そのため、事業を廃止し、ペーパー会社になった法人を被合併法人とする適格合併を行った場合であっても、被合併法人の繰越欠損金を合併法人に引き継ぐことができる。

　このような繰越欠損金を利用するためだけに適格合併をする行為に対して、包括的租税回避防止規定が適用されるのではないかという議論も考えられる。例えば、**第１章**で解説した東京高判令和元年12月11日（TPR事件）、東京国税不服審判所裁決令和２年11月２日（PGM事件）及び大阪国税不服審判所裁決令和４年８月19日では、合併の直前の被合併法人がペーパー会社であった事案に対して包括的租税回避防止規定が適用されている。

　TPR事件のように、合併前に被合併法人が営んでいた事業を合併法人以外の法人に移転させた後に、ペーパー会社となった被合併法人の繰越欠損金を合併法人に引き継ぐ場合には、事業の移転先と繰越欠損金の移転先が異なることを理由として、包括的租税回避防止規定が適用される可能性がある。さらに、大阪国税不服審判所裁決令和４年８月19日では、他の法人への繰越欠損金の付替えであることを理由に包括的租税回避防止規定が適用されていることから、被合併法人の保有していた資産の大部分を合併法人以外の法人に移転した後に、ペーパー会社となった被合併法人の繰越欠損金を合併法人に引き継いだ場合にも、資産の移転先と繰越欠損金の移転先が異なることを理由として、包括的租税回避防止規定が適用される可能性がある。

　これに対し、事業を廃止し、ペーパー会社になった法人の場合には、ペーパー会社を存続させるべきではなく、当該ペーパー会社を清算させることについて十分な事業目的が認められる。そして、**第**

1章で解説したように、100％子会社であるペーパー会社との合併又は当該100％子会社であるペーパー会社の清算のいずれであっても、親会社に繰越欠損金を引き継ぐことができる。そのため、事業の廃止によりペーパー会社になった100％子会社を被合併法人とする適格合併により繰越欠損金を引き継いだとしても、包括的租税回避防止規定を適用すべきではないと考えられる。

②　兄弟会社を合併法人とする適格合併

100％子会社を被合併法人とし、他の100％子会社を合併法人とする適格合併を行う場合には、当該100％子会社を清算し、当該100％子会社の残余財産が確定した場合と比べると、繰越欠損金が引き継がれる法人が異なるため、法人税の負担が減少することも考えられる。

TPR事件では、合併による事業の移転及び合併後の事業の継続を想定して、被合併法人の繰越欠損金を合併法人に引き継ぐことを認めたと判示していることから、ペーパー会社との合併により兄弟会社に繰越欠損金を引き継ぐ場合には、制度趣旨に反することが明らかであるという考え方もあり得る。そして、PGM事件における国側の主張では、ペーパー会社を清算することが自然であるとしているため、適格合併によりペーパー会社の繰越欠損金を兄弟会社に引き継ぐことは不自然であるという考え方もあり得る。

もちろん、合併法人以外の法人に被合併法人の事業や資産の大部分を移転させた場合には、兄弟会社との合併が繰越欠損金の付替えと認められることから、包括的租税回避防止規定が適用される可能性は否めない（大阪国税不服審判所裁決令和4年8月19日参照）。これに対し、単に事業を廃止したことによりペーパー会社になった場合には、当該ペーパー会社を清算する場合と兄弟会社と合併する場合とを比べても、事務上の手間が大きく変わるものではなく、仮に制度趣旨に反すると認定されたとしても、不自然さの程度は低い

ことから、包括的租税回避防止規定を適用すべき事案ではないと考えられる。

　しかしながら、TPR事件の判旨やPGM事件における国側の主張を考慮に入れると、包括的租税回避防止規定が適用されないようにするために、事業目的を明確にしておく必要がある。この点については、事業を廃止したとしても何かしらの権利及び義務を有しているのであれば、どの法人にその権利及び義務を引き継ぐことが合理的であるかという点から事業目的を明らかにしていくべきであると考えられる。すなわち、親会社ではなく他の子会社を合併法人とすることで、被合併法人の権利及び義務を引き継がせることに十分な合理性が認められるのであれば、包括的租税回避防止規定を適用すべきではないということになる。

⑶　繰越欠損金を利用するための企業買収と適格合併

　朝長英樹ほか「法人税法の改正」『平成13年版改正税法のすべて』244頁（大蔵財務協会、平成13年）では、包括的租税回避防止規定が適用される具体例として、「繰越欠損金や含み損のある会社を買収し、その繰越欠損金や含み損を利用するために組織再編成を行う」ことが挙げられている。

　しかし、支配関係発生日から合併法人の合併事業年度開始の日まで5年を経過していない場合には、繰越欠損金の引継制限が課されていることから（法法57③）、それ以外の場合において、包括的租税回避防止規定を適用するのは、制度の濫用が明らかな場合に限るべきである。さらに、平成18年度税制改正により欠損等法人の欠損金の繰越しの不適用（法法57の2）が導入されたことにより、「繰越欠損金や含み損のある会社を買収し、その繰越欠損金や含み損を利用するために組織再編成を行う」ことは難しくなっている。

　したがって、繰越欠損金や含み損のある会社を買収し、その繰越

欠損金や含み損を利用するために、適格合併を行ったことを理由として、包括的租税回避防止規定が適用されることは稀であると考えられる。

　なお、企業買収の現場において、繰越欠損金を利用することができるという節税効果を買収価格に上乗せするということが行われているが、法人税、住民税及び事業税の支出額が軽減されることにより、将来キャッシュ・フローを改善させることは否定できないことから、繰越欠損金を利用することができるという節税効果を買収価格に上乗せしたとしても、それ自体によって包括的租税回避防止規定を適用すべきではない*46*47。しかしながら、事業目的よりも税負担の減少目的が上位にあると認定された場合には、包括的租税回避防止規定が適用される可能性も否めないため、事業目的の観点か

---

*46　被買収会社の収益力で使用できる繰越欠損金の節税効果のみを上乗せし、買収会社との合併により使用できる繰越欠損金の節税効果を上乗せしない場合には、繰越欠損金を目的とした買収ではないという心証を与えることができるため、買収会社との合併により使用できる繰越欠損金の節税効果を上乗せしないほうが包括的租税回避防止規定が適用されるリスクを軽減することができると考えられる。もちろん、買収会社との合併により使用できる繰越欠損金の節税効果を上乗せしたとしても、買収及び合併に係る事業目的が明確であり、かつ、事業目的が主目的であれば、包括的租税回避防止規定を適用すべきではないと考えられる。

*47　ヤフー事件における東京地裁では、繰越欠損金が課税当局によって修正された場合の売却価格調整事項を記載した差入書が存在したことが問題視されていた。この点につき、太田洋弁護士は、「そもそも、M&Aの実務において、税効果に関する表明保証条項やそれについて違反があった場合の補償条項（Tax Indemnification条項）が入ることは、欧米におけるM&Aの契約実務では広く行われており、特に、税務上の繰越欠損金の存在及びその将来における利用可能性が、当事者間で定められた買収対価の額の前提となっているような場合には、このような条項が用いられることはごく一般的である（このような税務上の繰越欠損金の将来における利用可能性が、買収対価の額をその分だけ減額する要因となっている場合には、それが覆った場合のリスク・ヘッジのために、買い手側から、M&A契約に上記のようなTax Indemnification条項を挿入すべきことが主張されるのは、ある意味で当然である）」と述べたうえで、「そうであるとすれば、M&A契約に上記のようなTax Indemnification条項が定められていたとしても、それを根拠として『異常で変則的な』取引と解すべきではなく、したがって、そのことを法人税法132条の2を適用すべき根拠として援用すべきではない」と批判されていた（太田洋『M&A・企業組織再編のスキームと税務』690-691頁（大蔵財務協会、第2版、平成26年））。このような批判は当然のことであるし、控訴審では、その点に対しての補正がなされている。

ら、本件企業買収の目的、本件ストラクチャーを決定した理由をそ
れぞれ明らかにする必要があると考えられる。

⑷　100％子会社化後の適格合併

　税制適格要件の判定上、合併の直前に完全支配関係が成立したと
しても、完全支配関係内の合併に該当する（法令4の3②）。その
ため、合併法人が被合併法人の発行済株式総数の100分の70に相当
する数の株式を保有している場合において、従業者従事要件又は事
業継続要件に疑義があるときは、残りの100分の30に相当する数の
株式を追加取得することにより完全支配関係を成立させたうえで合
併を行えば、完全支配関係内の合併に該当させることができる。そ
の結果、従業者従事要件及び事業継続要件を満たす必要がなくなる
ことから、金銭等不交付要件を満たせば、適格合併に該当させるこ
とができる（法法2十二の八イ）。
　そして、適格合併を行った場合には、被合併法人の繰越欠損金を
合併法人に引き継ぐことができる（法法57②）。なお、支配関係発
生日から合併事業年度開始の日までの期間が5年未満である場合に
は繰越欠損金の引継制限が課されるが、5年以上である場合には繰
越欠損金の引継制限が課されない（法法57③）。支配関係発生日は、
発行済株式又は出資の総数又は総額の100分の50を超える数又は金
額の株式又は出資を直接又は間接に保有することになったかどうか
で判定されることから、保有比率が100分の70から100分の100に引
き上げられたとしても、支配関係発生日は変わらない。すなわち、
発行済株式総数の100分の70に相当する数の株式（発行済株式総数
の100分の50を超える数の株式）を取得した日から合併事業年度開
始の日までの期間が5年以上である場合には、繰越欠損金の引継制
限が課されない。
　この点、合併の直前に被合併法人の発行済株式又は出資の全部を

取得したことが租税回避に該当し、包括的租税回避防止規定が適用される可能性があるという考え方もあり得る。しかしながら、繰越欠損金の引継制限に係る諸規定が合併の直前に被合併法人株式を取得することを前提に作られており、完全支配関係を成立させたという理由で租税回避と認定すべきではないと考えられる。

　もちろん、包括的租税回避防止規定の適用はストラクチャー全体を見ながら判定されることから、株式又は出資の保有比率を増やした後に適格合併を行ったことに、事業目的が十分に認められない場合には、包括的租税回避防止規定が適用される可能性がある。例えば、TPR事件及びPGM事件では、事業単位の移転でないことを理由として、包括的租税回避防止規定が適用されていることから、従業者従事要件又は事業継続要件を満たせない場合には、同規定の適用を受ける可能性がないとはいい難い。さらに、PGM事件における国側の主張では、合併前に完全支配関係を成立させたことは、税負担の減少が主目的であるとしているため、税制適格要件を満たすことを主目的に完全支配関係を成立させるという行為に対して、包括的租税回避防止規定が適用される可能性がないとはいい難い。

　しかしながら、少数株主から追加的に子会社の株式又は出資を取得し、完全支配関係を成立させる場合には、子会社の株主等を親会社の株主等にしたくないといった事業上の理由があったり、子会社が債務超過であることから子会社の株主等から取得価額で買い取らざるを得ないといった事業上の理由があることがほとんどであり、事業目的が十分に認められる事案も少なくないと思われる。

　さらに、実務上、完全支配関係がある子会社との合併は、招集通知の発送や株主総会の実施を形式的に済ますことにより、少数株主がいる子会社との合併に比べて極めて簡便に実施できるため、合併の直前に完全支配関係を成立させるという行為に十分な事業目的が認められることが少なくない。

　このように、親会社と子会社との間に完全支配関係がないものの、

支配関係がある場合において、従業者従事要件又は事業継続要件に疑義があるときに、完全支配関係を成立させることにより適格合併に該当させる行為に対して包括的租税回避防止規定が適用される事案は、それほど多くはないと考えられる。

(5) 支配関係発生日から5年を経過するまで待つ場合

前述のように、支配関係発生日から合併事業年度開始の日までの期間が5年未満である場合において、みなし共同事業要件を満たさないときは、繰越欠損金の引継制限が課されている（法法57③）。

そのため、支配関係発生日から合併事業年度開始の日までの期間が5年を経過するまで待ってから適格合併を行うという事案が考えられる。なぜなら、繰越欠損金は9年間又は10年間の繰越しが認められており、最後の4年間又は5年間の時間差を利用して繰越欠損金を引き継ぐことができるからである。すなわち、このような行為に対して、包括的租税回避防止規定が適用されるかどうかにつき検討が必要になる。

本来であれば、このような5年という形式要件が定められているものについて、安易に包括的租税回避防止規定を適用すべきではないと考えられる。もし、これを租税回避と認定するのであれば、支配関係発生日から合併事業年度開始の日までの期間が9年又は10年を経過していない適格合併に対して繰越欠損金の引継制限を課すべきだったからである[48]。

もちろん、当初から5年を経過するまで待つつもりで買収したのであれば、繰越欠損金を利用するための買収及び合併であることか

---

[48] ヤフー事件の第一審では、「個別否認規定が定める要件の中には、法57条3項が定める5年の要件など、未処理欠損金額の引継ぎを認めるか否かについての基本的な条件となるものであって、当該要件に形式的に該当する行為又は事実がある場合にはそのとおりに適用することが当該規定の趣旨・目的に適うことから、包括的否認規定の適用が想定し難いものも存在することは否定できない」と判示されている。

ら、明らかに個別防止規定を潜脱[49]しており、実際に包括的租税回避防止規定を適用すべき事案があることは否定できない[50]。例えば、PGM事件における国側の主張では、5年を経過するまで待ったことについて、税負担の減少が主目的であり、事業目的が認められないとしている。しかしながら、実務上のほとんどの事案は、買収した時点では5年を経過するまで待つつもりはなく、事業上の理由で合併を延期せざるを得なかった事案や、繰越欠損金が切り捨てられるよりは合併をせずに被買収会社の収益力で繰越欠損金を利用することを選択した事案である。すなわち、買収時点では5年を経過するまで待つつもりはなく、買収後3〜4年が経過したことで、事業上、被買収会社との合併が可能になったものの、被買収会社の収益力だけでは繰越欠損金の全額が使いきれないため、残り1〜2年が経過するのを待っている事案がほとんどである。理論上は、このようなものにまで制度の濫用として包括的租税回避防止規定を適用すべきではないと考えられる。

　さらに、5年という形式要件を定めておきながら、実質的な趣旨・目的を持ち出して制度趣旨に反すると認定すべきではない[51]。PGM事件においても、5年を経過するまで待ったことについて、事業目的が認められないとしながらも、制度趣旨に反するとは認定

---

*49　包括的租税回避防止規定が適用される類型として「個別防止規定の潜脱」を例示しているものとして、斉木秀憲「組織再編成に係る行為計算否認規定の適用について」税大論叢73号1－86頁（平成24年）を参照されたい。

*50　財務省主税局で法人税法の立案に関与されていた朝長英樹氏、佐々木浩氏は、組織再編税制ができた平成13年当時は、欠損金の繰越期間が5年であったことから、長年にわたって支配関係がある法人については繰越欠損金の引継制限、使用制限及び特定資産譲渡等損失額の損金不算入を課さなくてよいという考え方における「長年」という基準が5年になったとしながらも、欠損金の繰越期間が延長されたことに伴って、5年を経過するまで待つという行為に対しては、それぞれ包括的租税回避防止規定が適用される可能性があるという点を指摘されている（朝長英樹『現代税制の現状と課題（組織再編成税制編）』40頁（注18）、42頁（新日本法規出版、平成29年）、仲谷修ほか『企業組織再編税制及びグループ法人税制の現状と今後の展望』（佐々木浩発言）59頁（大蔵財務協会、平成24年）参照）。

*51　入谷前掲（*12）207－210頁参照。

していないのである。

このように、5年を経過するまで待っただけの場合には、「税負担減少の意図」があったという認定に留めるべきであり、「税負担減少の意図（租税回避の意図）」があったとまでは認定すべきではないため、包括的租税回避防止規定を適用するためには、制度趣旨に反することを示す別の根拠が必要になると考えられる。

(6)　玉突き型の組織再編成

子会社に繰越欠損金がある場合において、当該子会社で使用できるだけの十分な収益力がないときに、「親会社で繰越欠損金を使うことができないか」という相談を受けることが少なくない。一般的には、親会社と子会社の統合を考えることが多いが、稀に繰越欠損金だけを引き継ぎたいという相談もある。

このような場合には、事業譲渡の手法により他の子会社に事業を移転することもあれば、会社分割の手法により他の子会社に事業を移転することもある。しかし、このような子会社が抜け殻になるストラクチャーは、子会社の繰越欠損金を親会社に付け替えることを目的にしたものであり、制度趣旨に反すると認められる。そのため、**第1章**で解説したように、通常は想定されない組織再編成の手順や方法に基づいたり、実態とは乖離した形式を作出したりするなど、不自然なものであることから、事業目的ではなく、繰越欠損金の付替えが主目的であると認められる場合には、包括的租税回避防止規定が適用されるべきである。

ただし、旧会社に繰越欠損金が存在していたということであれば、新会社で新たに繰越欠損金が生じる可能性も否定できない。すなわち、玉突き型の組織再編成が行われていたとしても、将来の設備投資に対する資金調達を容易にするために主要な固定資産や借入金を親会社に移転した事案であり、完全に抜け殻にする事案はほとんど

なかったはずである。そのため、かつては、このような事案に対する包括的租税回避防止規定の適用が議論になったことは稀であった。

これに対し、TPR事件では、工場の建物等及び機械等の製造設備を合併法人に移転し、それ以外の資産を新会社に移転した事案に対して、包括的租税回避防止規定が適用された。そのため、合併により合併法人に事業用資産を移転していればよいというわけではなく、それなりの実態の変化が求められるということがいえる。

以下では、**第1章**で解説した裁判例、裁決例を踏まえたうえで、子会社との合併における繰越欠損金の引継ぎにおいて、包括的租税回避防止規定が適用されないために、どのような点に留意する必要があるのかという点について検討を行う。

2 TPR事件と包括的租税回避防止規定

(1) 論点の整理

第1章で解説したように、TPR事件では、①包括的租税回避防止規定を適用しなければならないほど、制度趣旨に反することが明らかな取引であったのか、②完全支配関係内の合併であっても事業の移転及び継続が必要であるという東京高裁が示した制度趣旨が正しかったのか、という点が問題となる。

TPR事件では、資産及び負債を帳簿価額で引き継ぐことを認めていながら、繰越欠損金の引継ぎのみを否定している。このことから、法人税法2条12号の8に規定されている税制適格要件の制度趣旨と同法57条2項に規定されている繰越欠損金の引継ぎについての制度趣旨が異なるのではないかという疑問が生じるが、法人税法57条2項は、適格合併の場合には、資産及び負債を帳簿価額で引き継

ぐだけでなく、その計算要素も引き継ぐべきであるということで設けられた規定であることから、法人税法2条12号の8と同法57条2項の制度趣旨が異なるということにはならない。

　この点につき、東京地裁は「法人税法132条の2は、法人の行為又は計算が組織再編税制に係る各規定を租税回避の手段として濫用することにより法人税の負担を不当に減少させるものである場合に適用されるものであるところ、どの規定が濫用されたのかによって否認すべき租税法上の効果は異なり得るといえるから、法人税の更正又は決定に当たり、複数の租税法上の効果のうち未処理欠損金額の引継ぎという効果のみを否認するということも許容されるといえる。また、同法57条3項の適用により被合併法人の有する未処理欠損金額の一部を引き継ぐことができなくなる場合であっても、その合併に伴う移転資産等に係る譲渡損益の計上の繰延べ（同法62条の2第1項）等が否定されるものではないことからすると、同法は、移転資産等に係る課税繰延べと被合併法人の有する未処理欠損金額の引継ぎが常に一体として認められるものではないことを予定しているものといえる」と判示しており、東京高裁も同様の判断を行っている。そして、法人税法57条3項は、「企業グループ内の組織再編成については、共同で事業を営むための組織再編成に比べて適格組織再編成に該当するための要件が緩和されていることから、例えば、繰越欠損金等を有するグループ外の法人を一旦グループ内の法人に取り込んだ上で、グループ内の他の法人と組織再編成を行うこととすれば、容易に繰越欠損金等を利用することも可能となってしまう」[52]ことを理由に設けられた要件である。

　このように、税制適格要件の制度趣旨に反する形で繰越欠損金を不当に利用する租税回避が行われている事案に対する包括的租税回避防止規定の適用については、あえて非適格組織再編成として取り

---

*52　朝長前掲（*26）199頁。

扱わずに、法人税の負担を不当に減少させる原因となった繰越欠損金の引継ぎのみを否認することができるとされている。そのため、TPR事件で示された制度趣旨は、法人税法2条12号の8に規定されている税制適格要件の制度趣旨であるといえ、完全支配関係内の合併であっても事業の移転及び継続が必要であると判示しているのである。

このような制度趣旨が平成22年度税制改正と整合しないことは**第1章**で述べたとおりであり、大阪国税不服審判所裁決令和4年8月19日もTPR事件の判旨を採用していないことから、PGM事件の東京地裁判決がTPR事件の判旨を採用しなかった場合には、TPR事件で示された制度趣旨が平成22年度税制改正後の事案には適用されないということになる。ただし、PGM事件の東京地裁判決が公表されたとしても、東京高裁判決も同様の判決になるとは限らないし、大阪国税不服審判所裁決令和4年8月19日の地裁判決もどのような判決になるかはわからない。

そのため、少なくとも繰越欠損金の付替えを目的とした組織再編成に対しては、包括的租税回避防止規定が適用される可能性があると考えざるを得ないし、そのような目的ではない組織再編成であっても、事業の移転を伴わない組織再編成を行う場合には、税負担の減少目的ではなく、事業目的が主目的であることを明らかにする必要があると考えられる。

⑵ 税負担減少の意図

第1章で解説したように、TPR事件では、「税負担の減少以外に本件合併を行うことの合理的理由となる事業目的その他の事由が存在するとは認め難い」と判示されているが、わずかでも事業目的があれば覆せるというものではなく、事業目的が主目的であることを主張する必要がある。

この点につき、TPR事件において、納税者側は、本件合併による法人税の負担減少は副次的効果にすぎず、目的の1つですらなかったと主張しただけに留まらず、証人尋問において、税務上のメリットを考慮しなかったとか、審議・議論の対象とはならなかったなどと供述したようであるが、「経営会議や取締役会において経営企画室や経理部から資料として示された書面には、常に未処理欠損金額を引き継ぐことによる節税に関する記載があったこと等に照らし、いずれも採用することはできない」と一蹴されている。

　これは当然のことであり、法人税の負担が減少する取引を行っておきながら、税負担の減少目的が全くなかったということを主張するのには無理があるし、過剰にそのような主張をすれば、税務調査における税務調査官の心証や裁判における裁判官の心証を害するのは明らかである。「税負担が減少することは気づいていたが、事業上の理由から、このような取引をすることに合理性があると判断されたため、本取引を実行した」と主張するのが精一杯のはずである。

⑶　事業目的の不足

　TPR事件の当初案では、TPRの一部門として原材料の調達を行う部門を新設し、新会社は人員のみを抱えた賃加工会社の形態となり、TPRから設備を貸与され、材料も支給されることにより、原則として、利益も赤字も出ない会社になることを予定していた。東京地裁も、「本件合併について検討を始めた当初は、原告内に新たな部門を設け、生産委託会社として設立した新会社にアルミホイールの製造を委託することが検討されるなど、本件事業を原告の一部門として取り込むことにより旧B社の損益を改善するといった事業目的もあったものといえるものの、結局は、原告内に新たな部門が設置されることはなく、本件事業は新B社に引き継がれ、本件製造設備等の減価償却費相当額を同社に負担させるとの方針が決まった

頃（平成22年1月13日頃）以降は、本件合併自体によって本件事業の損益状況の改善を図るという目的を達成することはできない状況にあったといえる」と判示しており、当初案であれば、包括的租税回避防止規定が適用されない可能性があったことを示唆している。

　このように、建物及び設備を合併法人に移転することだけでは足りず、一連の組織再編成による事業実態の変化が必要になるということがいえる。さらにいえば、一連の組織再編成と事業実態の変化との間に直接的な関係があることが必要になるため、一連の組織再編成と直接的に関係のない事業実態の変化があったとしても、包括的租税回避防止規定が適用される可能性は否めないということもいえる。

　ビジネス上の観点からは、平成22年1月27日の常務席会議において提案されたように、新会社に責任を持たせるために、固定資産に係る減価償却費等を新会社に請求し負担させることや、新会社からの仕入価格を原価の実態に合わせた金額にすることなどを前提として、原告が新会社から仕入れる製品の仕入価格を見直すという案は理解できる。なぜなら、当初案のように、新会社が利益も赤字も出ない単なる業務委託の会社になってしまうと、従業員のモチベーションが低下してしまうためである。しかし、その結果として事業実態に変化が生じないようになってしまうと、包括的租税回避防止規定が適用されるリスクが高まってしまう。

　さらに、「確かに、本件製造設備等は原告の所有となったものの、新B社は、本件賃貸借により減価償却費相当額の賃借料を負担することになったものであるし、Eからの受注量減少に伴う赤字リスクを原告が負担することとなったのは、旧B社との間で行うことも可能であった本件単価変更によるものであることに照らせば、本件合併自体の効果によって原告の主張する損益構造の変更、事業リスクの所在の変更が生じたと評価することは相当でないといわざるを得ない。また、原告における本件事業の管理体制の強化についても、

旧B社の事業を原告における予算会議の審議対象とすることなどにより、本件合併によらずとも実現可能であったということができる」と判示されている。ここまでいわれてしまうと、「事業実態が変化した」というためには、当初案にあるように、業務フローの一部を旧会社に残したうえで、合併により当該業務フローの一部を合併法人に引き継がざるを得ないということになる。

　このような業務フローの一部を合併法人に引き継ぐことができない場合には、新会社に事業を移転する際に、①従業員のリストラ、②給与体系の見直し（退職金の打切支給を含む）、③役員構成の見直し、④不採算部門の閉鎖、⑤外部との契約関係の見直しを検討せざるを得ない。もともと赤字であるからこそ、このような組織再編成を行うことを検討したのであるから、新会社に事業を移転する際に、痛みを伴う経営改善を行うことについては事業目的が認められるし、新会社に事業を移転するからこそ、痛みを伴う経営改善を行うことが可能であったと主張することができるからである。さらに、新会社に事業を移転した子会社は、当該事業を移転した後は、建物及び設備のみを有する会社となるが、建物及び設備だけになった会社を清算するよりは、建物及び設備を合併により引き継いだほうが、建物及び設備に係る権利義務関係を親会社に容易に承継できるという点で事業目的が認められるため、新会社に事業を移転することに事業目的が認められれば、その後の合併について、租税回避であると認定されるリスクは低いと思われる。

3　PGM事件と包括的租税回避防止規定

　第1章で解説したように、PGM事件とは、2段階組織再編成により第1次合併に係る被合併法人の繰越欠損金を第2次合併に係る合併法人に引き継いだことに対して、包括的租税回避防止規定が適用された事件のことをいう。

　本事件では、①2段階組織再編成を行ったこと、②第1次合併を完全支配関係内の合併に該当させるために直前に株式を取得したこと、③繰越欠損金の引継制限を受けないように、5年経過するまで待ったことなど、論点が非常に多岐に渡っているが、最も注目されるべきは、TPR事件と同様に、完全支配関係内の組織再編成であっても事業の移転が必要であるかどうかという点である。この点については、東京国税不服審判所では明確に争われていないため、東京地裁判決がどのような内容になるのかが注目されている。

　さらに、PGM事件の東京地裁判決が公表される前に、大阪国税不服審判所裁決令和4年8月19日が公表された（**第1章**参照）。本事案では、TPR事件の判旨をあえて採用せずに、「例えば、適格合併が企業グループ内の法人の有する未処理欠損金額の企業グループ内の他の法人への付替えと同視できるものであるなど上記適格合併の場合に未処理欠損金額の引継ぎを認めることとした前提を欠くような場合にまで、未処理欠損金額の引継ぎを認めることを想定した規定ではないと解するのが相当である」と判示されている。

　そのため、これらの事件において、TPR事件の判旨が採用されるかどうかが注目されている。もし、納税者が勝訴した場合には、どのような場合に租税回避に該当しないのかが多少は明らかになると考えられる。これに対し、納税者が敗訴した場合において、TPR事件と異なる判旨を採用したときも、今後の実務に新しい影響を与

える可能性がある。いずれにしても、PGM事件及び大阪国税不服審判所裁決令和4年8月19日に係る地裁判決を注目しておく必要があると考えられる。

4　小　括

　このように、包括的租税回避防止規定の射程については、ヤフー事件が公表された段階では必ずしも明らかであったとはいえないが、今後の裁判例の公表により少しずつ明らかになってくると思われる。ただし、裁判例の公表を実務は待ってくれないため、現状の情報で対応せざるを得ない部分がある。

　この点については、まずは制度趣旨に反するかどうかを慎重に判断する必要があると考えられる。さらに、事業目的と税負担の減少目的のいずれが上位にあるのかについても、税務調査で説明できるようにしておいたほうが望ましいと考えられる。

第3章

実務編

　第2章では、適格合併における繰越欠損金の引継ぎに係る基本的な取扱いについて解説を行った。繰越欠損金の繰越期限切れを迎えるような特殊な事案を除き、基本的には、税制適格要件と繰越欠損金の引継制限が論点になることが理解できたと思う。さらに、実務上、包括的租税回避防止規定の適用可能性についても検討が必要になることがある。

　本章では、具体的な事案に当てはめたうえで解説を行う。実際にストラクチャーの検討をする際には、様々な制度を比較する必要があり、かつ、イレギュラーな事実関係にも対応する必要があるという点にご留意されたい。

第1節 事業譲渡＋清算との違い

　親会社と子会社が統合する場合には、親会社を合併法人とし、子会社を被合併法人とする適格合併を検討することが多い。ただし、子会社の事業を親会社に譲渡した後に、当該子会社を清算するという手法が採用されることがある。

　一般的に、子会社が資産超過である場合には、適格合併による手法が採用されることが多いが、子会社が債務超過である場合において、法人税基本通達9－4－1の要件を満たすときは、子会社から親会社に繰越欠損金を引き継ぐのではなく、親会社において子会社整理損失として損金の額に算入したほうが有利なことがある。具体的には、以下の事例を参照されたい。なお、本節では、子会社から親会社に事業譲渡した後に清算し、親会社において子会社整理損失を認識する手法のことを「第2会社方式」と表記している。

1　完全支配関係が成立していない場合

⑴　資産及び負債に含み損益がない場合

＜前提条件＞
・子会社が保有する資産及び負債に含み損益はない。
・子会社の資本金等の額は10百万円である。
・親会社が保有する子会社株式の帳簿価額は7百万円である。

・親会社は子会社の発行済株式総数の100分の70に相当する数の株式を保有している。
・子会社における税務上の繰越欠損金の金額は500百万円であり、親会社の収益力を考慮するとすべての繰越欠損金が使用可能であると考えられる。
・子会社は1,000百万円の債務超過であり、特別清算を行った場合には、親会社において1,000百万円の子会社整理損失を損金の額に算入することができる。
・吸収合併を行った場合には、適格合併に該当し、かつ、繰越欠損金の引継制限（法法57③）、使用制限（法法57④）及び特定資産譲渡等損失額の損金不算入（法法62の7①）は課されない。

＜有利不利判定＞

	第2会社方式	吸収合併
法人税、住民税及び事業税	＜子会社株式消却損＞ 残余財産がないことから、7百万円の子会社株式消却損が発生する。 ＜子会社整理損失＞ 1,000百万円の子会社整理損失が発生する。	繰越欠損金を500百万円引き継ぐ。
消費税	課税取引	課税対象外取引
不動産取得税	課税取引	非課税取引
登録免許税	課税取引	軽減税率あり

　上記のように、第2会社方式を選択した場合には、子会社が債務超過であることから、子会社株式消却損（7百万円）と子会社整理損失（1,000百万円）を損金の額に算入することができる。これに

対して、吸収合併を選択した場合には、子会社の繰越欠損金（500百万円）を引き継ぐことができる。そのため、このようなケースでは、他の税目の影響が軽微である限り、第2会社方式を選択したほうが有利であると考えられる。

これに対し、子会社の繰越欠損金が2,000百万円である場合には、第2会社方式で発生する損失の額（1,007百万円）よりも繰越欠損金の引継ぎによる課税所得の圧縮額のほうが大きいことから、法人税法上は吸収合併のほうが有利になる。ただし、実務上は、繰越欠損金の使用期限が到来することによる影響も加味しながら有利不利判定を行う必要がある。

(2) 資産に含み損がある場合

<前提条件>

・子会社の簿価純資産価額は10百万円であるが、保有する資産に含み損があることから、時価ベースの債務超過額は1,000百万円である。そのため、特別清算を行った場合には、親会社において1,000百万円の子会社整理損失を損金の額に算入することができる。
・子会社の資本金等の額は10百万円である。
・親会社が保有する子会社株式の帳簿価額は7百万円である。
・親会社は子会社の発行済株式総数の100分の70に相当する数の株式を保有している。
・子会社には、税務上の繰越欠損金は存在しない。
・吸収合併を行った場合には、適格合併に該当する。

<有利不利判定>

	第2会社方式	吸収合併
法人税、住民税及び事業税	<子会社株式消却損>残余財産がないことから、7百万円の子会社株式消却損が発生する。 <子会社整理損失>1,000百万円の子会社整理損失が発生する。	引き継ぐことができる繰越欠損金は存在しない。
消費税	課税取引	課税対象外取引
不動産取得税	課税取引	非課税取引
登録免許税	課税取引	軽減税率あり

　上記のように、子会社の簿価純資産価額がプラスであったとしても、保有している資産に含み損があることから、時価純資産価額がマイナスである場合がある。実務上、このようなケースは、減損会計を適用していない非上場会社において顕著である。減損会計が適用されていれば、税務上もその含み損を実現できるように検討するのが一般的であるが、減損会計が適用されていない場合には、保有している資産に含み損が存在することを認識しておらず、子会社を再生させようとした段階になって初めて、保有している資産に含み損が存在していたことを認識することが少なくないからである。

　このような場合には、第2会社方式を選択することにより、子会社が保有する資産の含み損を実現させ、親会社において子会社整理損失（1,000百万円）を認識することが可能になる。そのため、他の税目の影響が軽微である限り、第2会社方式を選択したほうが有利であると考えられる。

2 完全支配関係が成立している場合

(1) 債務超過額が繰越欠損金よりも小さい場合

＜前提条件＞

・子会社が保有する資産及び負債に含み損益はない。

・子会社の資本金等の額は10百万円である。

・親会社が保有する子会社株式の帳簿価額は10百万円である。

・親会社は子会社の発行済株式の全部を保有している。

・子会社における税務上の繰越欠損金の金額は500百万円であり、親会社の収益力を考慮するとすべての繰越欠損金が使用可能であると考えられる。

・時価ベースで子会社は100百万円の債務超過であり、特別清算を行った場合には、親会社において100百万円の子会社整理損失を損金の額に算入することができる。

・吸収合併を行った場合には、適格合併に該当し、かつ、繰越欠損金の引継制限、使用制限及び特定資産譲渡等損失額の損金不算入は課されない。

＜有利不利判定＞

	第2会社方式	吸収合併
法人税、住民税及び事業税	＜子会社株式消却損＞ 完全子会社の子会社株式消却損を認識することはできない。 ＜子会社整理損失＞ 100百万円の子会社整理損失が発生する。 ＜繰越欠損金＞ 債務免除益計上後の繰越欠損金（400百万円）を引き継ぐ。	繰越欠損金を500百万円引き継ぐ。
消費税	課税取引	課税対象外取引
不動産取得税	課税取引	非課税取引
登録免許税	課税取引	軽減税率あり

　上記のように、子会社が債務超過である場合に、親会社において子会社整理損失が発生するときは、子会社において債務免除益が発生し、当該債務免除益と相殺された後の繰越欠損金が親会社に引き継がれることになる。すなわち、債務超過額が繰越欠損金よりも小さい場合において、第2会社方式を選択したときは、親会社において子会社整理損失の認識（100百万円）と繰越欠損金の引継ぎ（400百万円）が行われるため、親会社における節税効果は、債務免除益が計上される前の子会社における繰越欠損金の金額と等しくなる。

　吸収合併を選択した場合であっても、債務免除益が計上されずに、子会社の繰越欠損金がそのまま親会社に引き継がれるという節税効果が得られるため、法人税法の課税所得に差は生じないように思える。しかしながら、子会社整理損失として認識したほうが、繰越欠

損金の発生年度が新しくなることから、他の税目の影響が軽微である限り、子会社整理損失として認識したほうが有利なケースも多いと考えられる。

(2)　債務超過額が繰越欠損金よりも大きい場合

＜前提条件＞

・子会社が保有する資産及び負債に含み損益はない。
・子会社の資本金等の額は10百万円である。
・親会社が保有する子会社株式の帳簿価額は10百万円である。
・親会社は子会社の発行済株式の全部を保有している。
・子会社における税務上の繰越欠損金の金額は500百万円であり、親会社の収益力を考慮するとすべての繰越欠損金が使用可能であると考えられる。
・時価ベースで子会社は1,200百万円の債務超過であり、特別清算を行った場合には、親会社において1,200百万円の子会社整理損失を損金の額に算入することができる。
・吸収合併を行った場合には、適格合併に該当し、かつ、繰越欠損金の引継制限、使用制限及び特定資産譲渡等損失額の損金不算入は課されない。

＜有利不利判定＞

	第2会社方式	吸収合併
法人税、住民税及び事業税	＜子会社株式消却損＞ 完全子会社の子会社株式消却損を認識することはできない。 ＜子会社整理損失＞ 1,200百万円の子会社整理損失が発生する。 ＜繰越欠損金＞ 債務免除益のほうが繰越欠損金よりも大きいことから、親会社に引き継ぐべき繰越欠損金は存在しない。 なお、子会社では、債務免除益と特例欠損金（期限切れ欠損金）を相殺できることから（法法59④）、債務免除益課税は生じない。	繰越欠損金を500百万円引き継ぐ。
消費税	課税取引	課税対象外取引
不動産取得税	課税取引	非課税取引
登録免許税	課税取引	軽減税率あり

(1)で解説したように、子会社が債務超過である場合に、親会社において子会社整理損失が発生するときは、子会社において債務免除益が発生し、当該債務免除益と相殺された後の繰越欠損金が親会社に引き継がれることになる。

しかしながら、債務超過額が繰越欠損金よりも大きい場合には、

債務免除益を計上した後に繰越欠損金が残らないことから、親会社に引き継ぐべき繰越欠損金は存在しない。

　そのため、法人税、住民税及び事業税の節税効果については、第2会社方式を行った場合に親会社で発生する子会社整理損失（1,200百万円）と吸収合併を行った場合に親会社に引き継げる繰越欠損金（500百万円）とを比較することになる。その結果、子会社において債務免除益と特例欠損金（期限切れ欠損金）とを相殺した金額（700百万円）が、上記の子会社整理損失（1,200百万円）と繰越欠損金（500百万円）の違いとして生じることから、他の税目の影響が軽微である限り、第2会社方式のほうが有利な結果になる。

⑶　含み益があり、かつ、債務超過である場合

＜前提条件＞
・子会社から親会社に対して移転する資産及び負債の含み益は130百万円である。
・子会社の資本金等の額は10百万円である。
・親会社が保有する子会社株式の帳簿価額は10百万円である。
・親会社は子会社の発行済株式の全部を保有している。
・子会社における税務上の繰越欠損金の金額は500百万円であり、親会社の収益力を考慮するとすべての繰越欠損金が使用可能であると考えられる。
・時価ベースで子会社は100百万円の債務超過であり、特別清算を行った場合には、親会社において100百万円の子会社整理損失を損金の額に算入することができる。
・吸収合併を行った場合には、適格合併に該当し、かつ、繰越欠損金の引継制限、使用制限及び特定資産譲渡等損失額の損金不算入は課されない。

＜有利不利判定＞

	第2会社方式	吸収合併
法人税、住民税及び事業税	＜子会社株式消却損＞ 完全子会社の子会社株式消却損を認識することはできない。 ＜子会社整理損失＞ 100百万円の子会社整理損失が発生する。 ＜繰越欠損金＞ 事業譲渡益（130百万円）と債務免除益（100百万円）を認識した後の繰越欠損金（270百万円）を引き継ぐ。	繰越欠損金を500百万円引き継ぐ。
消費税	課税取引	課税対象外取引
不動産取得税	課税取引	非課税取引
登録免許税	課税取引	軽減税率あり

　上記のように、移転する資産に含み益がある場合において、第2会社方式を行ったときは、原則として、事業譲渡の段階で譲渡損益が繰り延べられるが、子会社の残余財産が確定した段階で譲渡損益が実現することにより[1]、親会社に引き継ぐべき繰越欠損金が減少してしまうという問題がある。そのため、吸収合併のほうが有利であると考えられる。

---

[1]　佐々木浩ほか「法人税法の改正」『平成22年版改正税法のすべて』199頁（大蔵財務協会、平成22年）、国税庁HP質疑応答事例「清算結了する場合におけるグループ法人税制で繰り延べた譲渡損益の取扱いについて」参照。

⑷ 含み損があり、かつ、債務超過である場合

＜前提条件＞

・子会社から親会社に対して移転する資産及び負債の含み損は230百万円である。

・子会社の資本金等の額は10百万円である。

・親会社が保有する子会社株式の帳簿価額は10百万円である。

・親会社は子会社の発行済株式の全部を保有している。

・子会社における税務上の繰越欠損金の金額は500百万円であり、親会社の収益力を考慮するとすべての繰越欠損金が使用可能であると考えられる。

・時価ベースで子会社は100百万円の債務超過であり、特別清算を行った場合には、親会社において100百万円の子会社整理損失を損金の額に算入することができる。

・吸収合併を行った場合には、適格合併に該当し、かつ、繰越欠損金の引継制限、使用制限及び特定資産譲渡等損失額の損金不算入は課されない。

＜有利不利判定＞

	第２会社方式	吸収合併
法人税、住民税及び事業税	＜子会社株式消却損＞完全子会社の子会社株式消却損を認識することはできない。 ＜子会社整理損失＞100百万円の子会社整理損失が発生する。 ＜繰越欠損金＞事業譲渡損（230百万円）と債務免除益（100百万円）を認識した後の繰越欠損金は630百万円まで増加する。	繰越欠損金を500百万円引き継ぐ。
消費税	課税取引	課税対象外取引
不動産取得税	課税取引	非課税取引
登録免許税	課税取引	軽減税率あり

　上記のように、移転する資産に含み損がある場合において、第２会社方式を行ったときは、原則として、事業譲渡の段階で譲渡損益が繰り延べられるが、子会社の残余財産が確定した段階で譲渡損益が実現することにより、子会社の繰越欠損金が増加するため、親会社に引き継ぐべき繰越欠損金が増加することになる。

　そのため、他の税目の影響が軽微である限り、第２会社方式を選択したほうが有利であると考えられる。

第2節　少数株主の排除

被合併法人が債務超過である場合に、少数株主に対して合併対価資産を交付すると、価値のない被合併法人株式に対して、価値のある合併対価資産を交付することになるため、株主間贈与の問題が生じることになる。

このような場合には、①無対価合併、②少数の株式（又は少額の出資）を交付する株式交付型合併、③少額の現金を交付する現金交付型合併、④被合併法人株式を取得した後の合併のいずれかを検討することになる。

1　無対価合併

被合併法人が債務超過であることから、株主間贈与を避けるために、まず最初に無対価合併を思い浮かべてしまうが、**第2章**で解説したように、無対価合併を行った場合には、通常の税制適格要件を満たすだけでなく、対価の交付を省略したと認められないと適格合併に該当しないという規定になっている（法令4の3②〜④）。もし、合併法人株式を交付したと仮定すると、少数株主に対して合併法人株式が交付されることから、当該少数株主を排除するために無対価合併を行った場合には、対価の交付を省略したとは認められない。

そのため、無対価合併を行った場合には、非適格合併に該当することになる。

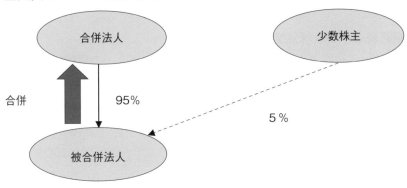

■図表３－１　無対価合併

2　株式交付型合併

　前述のように、被合併法人が債務超過である場合において、当該
被合併法人の株主等に少数株主が含まれているときに、合併法人株
式を交付してしまうと株主間贈与の問題が生じるが、交付する合併
法人株式の時価が軽微であり、株主間贈与の問題を気にする必要が
ないこともあり得る。そのような場合には、少数又は少額の合併法
人株式の交付を検討することがある。さらに、1株当たりの合併法
人株式の時価が高いようであれば、合併前に株式分割を行うことで、
交付する合併法人株式の時価を引き下げることも考えられる。

　合併法人株式のみを交付するのであれば、金銭等不交付要件を満
たせることから、被合併法人と合併法人との間に支配関係がある場
合において、従業者従事要件及び事業継続要件を満たすときは、適
格合併に該当することになる（法法2二の八）。しかしながら、
株主間贈与の問題が軽微であり、かつ、税制適格要件を満たすこと
ができたとしても、被合併法人の株主等に合併法人の株主等になっ
てもらいたくないという理由により、合併法人株式を交付する合併

は避けたいという話は少なくない。

■図表3－2　株式交付型合併

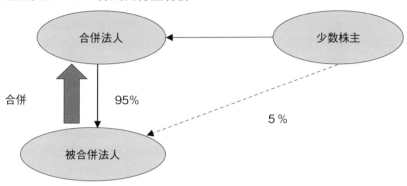

3　現金交付型合併

　平成29年度税制改正により、合併法人が被合併法人の発行済株式又は出資の総数又は総額の３分の２以上に相当する数又は金額の株式又は出資を直接に保有していれば、少数株主に対して交付した合併対価資産が金銭等不交付要件の対象から除外されることになった[*2]。

　そのため、合併法人が被合併法人の発行済株式又は出資の総数又は総額の３分の２以上に相当する数又は金額の株式又は出資を直接に保有していれば、現金交付型合併を行うことにより、適格合併に

[*2]　第２章で解説したように、少数株主の所在が不明である場合には、金銭を交付することができないため、最終的には時効が成立し、債務免除益が計上されることが多い。しかし、債務免除益が計上されたとしても、そもそも交付すべき金銭の額が少額であれば、益金の額に算入される金額も少額になるため、実務上、支障がないことがほとんどである。

該当させることができるし、少数株主を締め出すこともできる。

　さらに、合併法人が被合併法人の発行済株式又は出資の総数又は総額の3分の2以上に相当する数又は金額の株式又は出資を直接に保有していなくても、合併前に資本異動を行うことにより、合併法人が被合併法人の発行済株式又は出資の総数又は総額の3分の2以上に相当する数又は金額の株式又は出資を直接に保有する関係を成立させた後に、現金交付型合併を行うということもできる。

　なお、合併前に資本異動を行うことにより、同一の者による支配関係から当事者間の支配関係に変わった日が支配関係発生日となることで、繰越欠損金の引継制限（法法57③）、使用制限（法法57④）及び特定資産譲渡等損失額の損金不算入（法法62の7）が課されるかどうかが問題となる。この点については、**第2章**で解説したように、同一の者による支配関係から当事者間の支配関係に変わったとしても、当該当事者間の支配関係に変わった日を支配関係発生日とする必要がないことが明らかにされた。そのため、株式異動前の同一の者による支配関係が生じてから5年を経過していれば、これらの制限は課されない。

■図表3－3　現金交付型合併

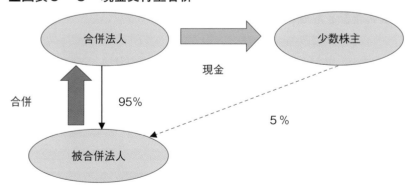

4 合併直前における株式の取得

　合併の直前に合併法人が被合併法人の発行済株式又は出資の全部を保有している場合には、金銭等不交付要件を満たせば、完全支配関係内の適格合併に該当することになる（法法２十二のハイ）。これは、合併の直前に被合併法人の発行済株式又は出資の全部を取得することによって、完全支配関係が生じた場合であっても同様である。そのため、被合併法人の発行済株式又は出資の全部を取得してから合併を行う場合には、容易に完全支配関係内の適格合併に該当させることができる。

　さらに、金銭等不交付要件は、合併により被合併法人の株主等に交付された金銭に対して課されている。そのため、合併前に被合併法人の発行済株式又は出資を取得するために金銭を交付したとしても、合併により金銭を交付しているわけではないことから、金銭等不交付要件には抵触しない。

■図表３－４　合併前に合併法人が被合併法人の発行済株式又は出資の全部を取得する手法

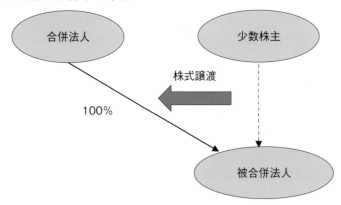

第3節　新設法人との合併

　新設法人との間の支配関係発生日は当該新設法人の設立の日とされていることから（法基通１－３の２－２⑵）、合併法人の合併事業年度開始の日の５年前の日後に設立された新設法人との間で適格合併を行った場合には、原則として、繰越欠損金の引継制限、使用制限及び特定資産譲渡等損失額の損金不算入が課されるという問題がある。

　そのため、平成22年度税制改正により、被合併法人又は合併法人が上記５年前の日後に設立された新設法人である場合において、当該被合併法人の設立の日又は当該合併法人の設立の日のいずれか遅い日から適格合併の日まで当該被合併法人と当該合併法人との間の支配関係が継続しているときは、原則として、繰越欠損金の引継制限、使用制限及び特定資産譲渡等損失額の損金不算入は課されないことになった（法法57③④、62の７①）。

　ただし、新設法人を経由して繰越欠損金や資産の含み損を持ち込むという租税回避を防止するために[*3]、以下の例外規定が設けられている。

イ　繰越欠損金の引継制限
　被合併法人の設立の日から適格合併の日まで被合併法人と合併法人との間の支配関係が継続していたとしても、合併法人をＰ社、被

---

*3　佐々木ほか前掲（＊１）291頁。

合併法人をＡ社、合併法人Ｐ社との間に支配関係がある他の内国法人をＸ社とした場合において、以下のいずれかの組織再編成が行われ、かつ、Ｐ社とＡ社の適格合併がみなし共同事業要件を満たさないとき（Ｐ社とＡ社との間の支配関係発生日からＰ社の合併事業年度開始の日までの期間が５年未満である場合に限る）は、繰越欠損金の引継制限が課されることになる（法令112④ニイ、ロ）。

(イ) Ｘ社を被合併法人とする新設適格合併により、Ａ社が設立されていた場合（Ｐ社とＸ社との間の支配関係発生日からＰ社の合併事業年度開始の日までの期間が５年未満である場合に限る）

(ロ) Ｐ社とＸ社との間の支配関係発生日以後にＡ社が設立されており、かつ、Ｘ社を被合併法人とし、Ａ社を合併法人とする適格吸収合併が行われていた場合（Ｐ社とＸ社との間の支配関係発生日からＰ社の合併事業年度開始の日までの期間が５年未満である場合に限る）

(ハ) Ｐ社とＸ社との間の支配関係発生日以後にＡ社が設立されており、かつ、Ａ社との間に完全支配関係があるＸ社（Ｐ社との間に支配関係があるものに限る）でＡ社が発行済株式又は出資の全部又は一部を有するものの残余財産が確定していた場合（Ｐ社とＸ社との間の支配関係発生日からＰ社の合併事業年度開始の日までの期間が５年未満である場合に限る）

そして、合併法人の設立の日から適格合併の日まで被合併法人と合併法人との間の支配関係が継続していたとしても、合併法人をＰ社、被合併法人をＡ社、被合併法人Ａ社との間に支配関係がある他の法人をＹ社とした場合において、以下のいずれかの組織再編成が行われ、かつ、Ｐ社とＡ社の適格合併がみなし共同事業要件を満たさないとき（Ｐ社とＡ社との間の支配関係発生日からＰ社の合併事業年度開始の日までの期間が５年未満である場合に限る）は、繰越欠損金の引継制限が課されることになる（法令112④ニハ）。

(ニ) Ｙ社を被合併法人、分割法人、現物出資法人又は現物分配法人

とする適格合併、譲渡損益の繰延べの適用を受ける非適格合併、適格分割、適格現物出資又は適格現物分配により、Ｐ社が設立されていた場合（Ａ社とＹ社との間の支配関係発生日からＰ社の合併事業年度開始の日までの期間が５年未満である場合に限る）

㊭ Ａ社とＹ社との間の支配関係発生日以後にＰ社が設立されており、かつ、Ｙ社を被合併法人、分割法人、現物出資法人又は現物分配法人とし、Ｐ社を合併法人、分割承継法人、被現物出資法人又は被現物分配法人とする適格合併、譲渡損益の繰延べの適用を受ける非適格合併、適格分割、適格現物出資又は適格現物分配が行われていた場合（Ａ社とＹ社との間の支配関係発生日からＰ社の合併事業年度開始の日までの期間が５年未満である場合に限る）

ロ　繰越欠損金の使用制限

　合併法人の設立の日から適格合併の日まで被合併法人と合併法人との間の支配関係が継続していたとしても、合併法人をＰ社、被合併法人をＡ社、被合併法人Ａ社との間に支配関係がある他の内国法人をＹ社とした場合において、以下のいずれかの組織再編成が行われ、かつ、Ｐ社とＡ社の適格合併がみなし共同事業要件を満たさないとき（Ｐ社とＡ社との間の支配関係発生日からＰ社の合併事業年度開始の日までの期間が５年未満である場合に限る）は、繰越欠損金の使用制限が課されることになる（法令112⑨、④二イ、ロ）。

㊑ Ｙ社を被合併法人とする新設適格合併により、Ｐ社が設立されていた場合（Ａ社とＹ社との間の支配関係発生日からＰ社の合併事業年度開始の日までの期間が５年未満である場合に限る）

㊒ Ａ社とＹ社との間の支配関係発生日以後にＰ社が設立されており、かつ、Ｙ社を被合併法人とし、Ｐ社を合併法人とする適格吸収合併が行われていた場合（Ａ社とＹ社との間の支配関係発

生日からＰ社の合併事業年度開始の日までの期間が５年未満である場合に限る）

㈧　Ａ社とＹ社との間の支配関係発生日以後にＰ社が設立されており、かつ、Ｐ社との間に完全支配関係があるＹ社（Ａ社との間に支配関係があるものに限る）でＰ社が発行済株式又は出資の全部又は一部を有するものの残余財産が確定していた場合（Ａ社とＹ社との間の支配関係発生日からＰ社の合併事業年度開始の日までの期間が５年未満である場合に限る）

そして、被合併法人の設立の日から適格合併の日まで被合併法人と合併法人との間の支配関係が継続していたとしても、合併法人をＰ社、被合併法人をＡ社、合併法人Ｐ社との間に支配関係がある他の法人をＸ社とした場合において、以下のいずれかの組織再編成が行われ、かつ、Ｐ社とＡ社の適格合併がみなし共同事業要件を満たさないとき（Ｐ社とＡ社との間の支配関係発生日からＰ社の合併事業年度開始の日までの期間が５年未満である場合に限る）は、繰越欠損金の使用制限が課されることになる（法令112⑨、④二ハ）。

㈡　Ｘ社を被合併法人、分割法人、現物出資法人又は現物分配法人とする適格合併、譲渡損益の繰延べの適用を受ける非適格合併、適格分割、適格現物出資又は適格現物分配により、Ａ社が設立されていた場合（Ｐ社とＸ社との間の支配関係発生日からＰ社の合併事業年度開始の日までの期間が５年未満である場合に限る）

㈭　Ｐ社とＸ社との間の支配関係発生日以後にＡ社が設立されており、かつ、Ｘ社を被合併法人、分割法人、現物出資法人又は現物分配法人とし、Ａ社を合併法人、分割承継法人、被現物出資法人又は被現物分配法人とする適格合併、譲渡損益の繰延べの適用を受ける非適格合併、適格分割、適格現物出資又は適格現物分配が行われていた場合（Ｐ社とＸ社との間の支配関係発生日からＰ社の合併事業年度開始の日までの期間が５年未満であ

る場合に限る）

ハ　特定資産譲渡等損失額の損金不算入

　被合併法人の設立の日から適格合併の日まで被合併法人と合併法人との間の支配関係が継続していたとしても、合併法人をＰ社、被合併法人をＡ社、合併法人Ｐ社との間に支配関係がある他の法人をＸ社とした場合において、以下のいずれかの組織再編成が行われ、かつ、Ｐ社とＡ社の適格合併がみなし共同事業要件を満たさないとき（Ｐ社とＡ社との間の支配関係発生日からＰ社の合併事業年度開始の日までの期間が５年未満である場合に限る）は、特定資産譲渡等損失額の損金不算入が課されることになる（法令123の８①二イ）。

(イ)　Ｘ社を被合併法人、分割法人、現物出資法人又は現物分配法人とする適格合併、譲渡損益の繰延べの適用を受ける非適格合併、適格分割、適格現物出資又は適格現物分配により、Ａ社が設立されていた場合（Ｐ社とＸ社との間の支配関係発生日からＰ社の合併事業年度開始の日までの期間が５年未満である場合に限る）

(ロ)　Ｐ社とＸ社との間の支配関係発生日以後にＡ社が設立されており、かつ、Ｘ社を被合併法人、分割法人、現物出資法人又は現物分配法人とし、Ａ社を合併法人、分割承継法人、被現物出資法人又は被現物分配法人とする適格合併、譲渡損益の繰延べの適用を受ける非適格合併、適格分割、適格現物出資又は適格現物分配が行われていた場合（Ｐ社とＸ社との間の支配関係発生日からＰ社の合併事業年度開始の日までの期間が５年未満である場合に限る）

　そして、合併法人の設立の日から適格合併の日まで被合併法人と合併法人との間の支配関係が継続していたとしても、合併法人をＰ社、被合併法人をＡ社、被合併法人Ａ社との間に支配関係がある他の法人をＹ社とした場合において、以下のいずれかの組織再編成が

行われ、かつ、Ｐ社とＡ社の適格合併がみなし共同事業要件を満たさないとき（Ｐ社とＡ社との間の支配関係発生日からＰ社の合併事業年度開始の日までの期間が５年未満である場合に限る）は、特定資産譲渡等損失額の損金不算入が課されることになる（法令123の８①二ロ）。

(ハ) Ｙ社を被合併法人、分割法人、現物出資法人又は現物分配法人とする適格合併、譲渡損益の繰延べの適用を受ける非適格合併、適格分割、適格現物出資又は適格現物分配により、Ｐ社が設立されていた場合（Ａ社とＹ社との間の支配関係発生日からＰ社の合併事業年度開始の日までの期間が５年未満である場合に限る）

(ニ) Ａ社とＹ社との間の支配関係発生日以後にＰ社が設立されており、かつ、Ｙ社を被合併法人、分割法人、現物出資法人又は現物分配法人とし、Ｐ社を合併法人、分割承継法人、被現物出資法人又は被現物分配法人とする適格合併、譲渡損益の繰延べの適用を受ける非適格合併、適格分割、適格現物出資又は適格現物分配が行われていた場合（Ａ社とＹ社との間の支配関係発生日からＰ社の合併事業年度開始の日までの期間が５年未満である場合に限る）

　そのため、**図表３－５**のように、Ｘ社を合併法人とし、Ｙ社を被合併法人とする適格合併を行う場合において、当該適格合併の前にＡ社を分割法人とし、Ｘ社を分割承継法人とする適格新設分割型分割を行っていたときは、合併法人Ｘ社を分割承継法人とし、被合併法人Ｙ社との間に支配関係がある他の法人であるＡ社を分割法人とする適格新設分割型分割を行ったことになるため、Ｘ社とＹ社との間の適格合併において、Ｘ社の設立の日を支配関係発生日としたうえで繰越欠損金の引継制限及び特定資産譲渡等損失額の損金不算入が課されることになる[*4]。ただし、Ａ社とＹ社との間の支配関係が

生じてからＸ社の合併事業年度開始の日までの期間が５年以上である場合には、これらの制限は課されない[5]。

■図表３－５　適格新設分割型分割後の適格合併[6]

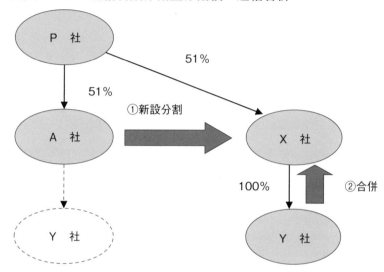

　さらに、被合併法人又は合併法人との間に支配関係がある他の法人を分割法人とする適格分割が行われた場合に上記の特例の適用を受けることから、**図表３－６**のように、Ｂ社を分割法人とする新設分割によりＣ社を設立した後に、Ｂ社を合併法人とし、Ｃ社を被合

---

*4　法人税法施行令112条９項により読み替えられた同条４項２号ハは、「当該内国法人との間に支配関係がある他の法人を被合併法人、分割法人、現物出資法人又は現物分配法人とする法第57条第４項に規定する適格組織再編成等で、当該支配関係法人を設立するもの又は当該内国法人が当該他の法人との間に最後に支配関係を有することとなつた日以後に設立された当該支配関係法人を合併法人、分割承継法人、被現物出資法人若しくは被現物分配法人とするものが行われていた場合（同日が当該５年前の日以前である場合を除く。）」と規定されていることから、本事案は該当しないため、繰越欠損金の使用制限は課されない。
*5　国税庁ＨＰ質疑応答事例「被合併法人から引継ぎを受ける未処理欠損金額に係る制限の適用除外について」参照。
*6　新設分割型分割によりＡ社が保有するＹ社株式をＸ社に移転している。

併法人とする適格合併を行ったときは、繰越欠損金の引継制限、使用制限及び特定資産譲渡等損失額の損金不算入は課されない。

■図表３－６　新設分社型分割後の適格合併

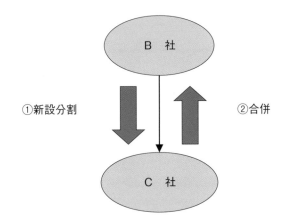

第4節 9年ルールと 5年ルール

1 9年ルールの失敗事例

第2章で解説したように、適格合併により引き継ぐことができる繰越欠損金は、被合併法人の適格合併の日前9年以内に開始した各事業年度において生じた繰越欠損金であり、かつ、繰越欠損金の繰越控除（法法57①）、繰越欠損金の繰戻還付（法法80①）の適用を受けていない部分の金額である[*7]。そのため、被合併法人が3月決算法人であり、合併法人が12月決算法人である場合において、適格合併の日が被合併法人の事業年度の期首である×10年4月1日であるときは、その日から前9年以内（×1年4月1日以後）に開始した事業年度である×1年4月1日以後に開始した事業年度の繰越欠損金を引き継ぐことができる[*8]。

また、法人税法57条1項では、内国法人の各事業年度開始の日前9年以内に開始した事業年度において生じた繰越欠損金を使用することができるものとしており、被合併法人の×1年4月1日から×2年3月31日までの事業年度において生じた繰越欠損金は合併法人

[*7] 平成30年4月1日以後に開始した事業年度において生じた繰越欠損金については、上記の9年を10年と読み替える必要がある（平成27年改正法附則27①参照）。
[*8] 中島礼子『そうだったのか！組織再編条文の読み方』127-128頁（中央経済社、平成30年）参照。

の×1年1月1日から×1年12月31日までの事業年度において生じた繰越欠損金とみなされるため（法法57②）、×10年1月1日から×10年12月31日までの事業年度において使用することができる。

　これに対し、被合併法人の期首に合併するのではなく、例えば、×10年7月1日が適格合併の日になる場合には、その日から前9年以内（×1年7月1日以後）に開始した事業年度である×2年4月1日以後に開始した事業年度の繰越欠損金を引き継ぐことができる。このように、合併が数か月遅れたことにより、×1年4月1日から×2年3月31日までの事業年度において生じた繰越欠損金を引き継ぐことができなくなるという問題がある。

　このような事案は、筆者も何度も経験しているが、税務上の理由というよりも、事業上の理由で合併が遅れていた事案がほとんどである。しかしながら、繰越欠損金の期限切れが生じるタイミングを知っていれば、繰越欠損金の期限切れが生じる前に合併していた可能性も否定できない。そのため、繰越欠損金が期限切れを迎えそうなものがあれば、いつまでに合併をする必要があるのかを意識することは重要である。

　なお、平成22年度税制改正により、完全支配関係がある内国法人の残余財産が確定した場合には、当該完全支配関係がある内国法人の繰越欠損金をその法人株主である他の内国法人に引き継ぐことができるようになった。そして、当該法人株主である他の内国法人において引き継ぐことができる繰越欠損金は、当該完全支配関係がある内国法人の残余財産の確定の日の翌日前9年以内に開始した各事業年度において生じた繰越欠損金である。すなわち、適格合併を行った場合には、「適格合併の日前9年以内に開始した各事業年度において生じた繰越欠損金」を引き継ぐことができるのに対し、完全支配関係がある内国法人の残余財産が確定した場合には、「残余財産の確定の日前9年以内に開始した各事業年度において生じた繰越欠損金」ではなく、「残余財産の確定の日の翌日前9年以内に開始し

た各事業年度において生じた繰越欠損金」を引き継ぐことができるという点にご留意されたい。

2　5年ルールの失敗事例

第2章で解説したように、適格合併を行った場合には、被合併法人の繰越欠損金を合併法人に引き継ぐことができる（法法57②）。しかし、繰越欠損金を有する法人を買収してから適格合併を行うという租税回避を防止するために、みなし共同事業要件を満たさず、かつ、被合併法人と合併法人との間で以下のうち最も遅い日から支配関係が継続していると認められない場合には、繰越欠損金の引継制限が課されている（法法57③）。

① 合併法人の合併事業年度*9開始の日の5年前の日
② 被合併法人の設立の日
③ 合併法人の設立の日

ここで留意が必要なのは、吸収合併を行った場合には、支配関係発生日から合併の日までの期間ではなく、支配関係発生日から合併事業年度開始の日までの期間が5年未満であるときに、繰越欠損金の引継制限が課されるという点である。

すなわち、3月決算法人を合併法人とする吸収合併を行う場合において、支配関係発生日が×4年10月1日であり、合併の日が×10年1月1日であるときは、支配関係発生日から合併の日までの期間は5年以上ではあるものの、合併事業年度開始の日が×9年4月1日であることから、支配関係発生日（×4年10月1日）から合併事業年度開始の日（×9年4月1日）までの期間が5年未満となるた

---

*9　適格合併の日の属する事業年度。

め、繰越欠損金の引継制限が課されることになる。このように、合併事業年度開始の日で判定することから、5年を経過しているという理由で繰越欠損金の引継制限を回避するためには、事業年度を跨がなければならないということがいえる。

第5節 企業買収後の合併と みなし共同事業要件 の潜脱

1 事業規模要件及び事業規模継続要件 の潜脱

第2章で解説したように、みなし共同事業要件を満たすためには、以下の要件を満たす必要がある（法令112③⑩）。

① 事業関連性要件

② 事業規模要件

③ 事業規模継続要件

④ 上記②③を満たさない場合には、特定役員引継要件

そして、事業規模要件を満たすためには、被合併事業と合併事業の規模の割合がおおむね5倍を超えないことが必要となり（法令112③二、⑩）、事業規模継続要件を満たすためには、支配関係発生時と適格合併の直前の時における被合併事業及び合併事業の規模の割合がおおむね2倍を超えないことが必要になる（法令112③三、四、⑩）。

このように、支配関係が生じた後に規模を増減させた場合には、事業規模継続要件に抵触することから、支配関係が生じる前に規模を増減させることにより、事業規模要件及び事業規模継続要件を満たそうとすることが考えられる。このような事業規模要件及び事業

規模継続要件を満たそうとする行為に対して、包括的租税回避防止規定（法法132の２）が適用されるかどうかについて検討が必要になる。特に、事業規模要件及び事業規模継続要件を満たす以外に何ら事業目的がない場合であっても、資本金の額を増減させることは可能であり、そのような事業規模要件及び事業規模継続要件を潜脱する行為に対しては、包括的租税回避防止規定が適用される可能性は否定できない。

　ただし、支配関係が生じる前に規模を増減させることにより事業規模要件及び事業規模継続要件を満たそうとする行為は、立法時に当然に予想できていたであろうことから、そのような行為にまで包括的租税回避防止規定を適用することは租税法律主義に反するだけでなく、「５倍」という基準に実質的な趣旨・目的を読み込むことは不可能であることから、制度趣旨に反するともいい難いため、包括的租税回避防止規定を適用すべきでないという見解がある[*10]。さらに、形式的に規模が増減しているにもかかわらず、事業規模要件及び事業規模継続要件を実質的に満たしていないと認定してしまうと、資本金の額を事業規模要件及び事業規模継続要件の指標とすべきでないということを課税当局が主張しているに等しいことになってしまうため、それは包括的租税回避防止規定の適用により解決すべき問題ではなく、立法により解決すべき問題であるといえる。

　これに対し、ヤフー事件（**第１章**参照）では、支配関係発生日前に特定役員を送り込むことにより特定役員引継要件を形式的に満た

---

*10　入谷淳『租税回避をめぐる税務リスク対策』214−218頁（清文社、平成29年）。なお、入谷氏は、増資すること自体に事業目的がない事案を想定して分析を行っているが、実務上は、共同事業を行うための合併であれば、合併後の株主構成に配慮するために、合併前に増資により株式を交付したり、減資によりその他資本剰余金を作り出した後に自己株式を取得したりすることにより、結果的に事業規模要件を満たす事案は容易に想定されるし、支配関係が生じてから合併事業年度開始の日まで５年を経過していない合併であれば、債務超過を解消するための増資を行った後に株式の譲渡を行うことにより、結果的に事業規模要件及び事業規模継続要件を満たす事案が容易に想定されるため、実務上は、事業目的がない事案はそれほど多くはないと思われる。

した事案に対して、包括的租税回避防止規定が適用されている。もちろん、事業規模要件と異なり、特定役員引継要件は、送り込まれた特定役員がどのような業務を行っていたのかという認定をすることによって、制度趣旨に反するかどうかを検討しやすいことから、ヤフー事件を根拠として、支配関係が生じる前に規模を増減させることにより事業規模要件及び事業規模継続要件を満たそうとする行為に対して、包括的租税回避防止規定を適用すべきだということにはならない。しかしながら、支配関係が生じる前の行為により事業規模要件及び事業規模継続要件を満たしているという点に限れば、ヤフー事件に類似しているといえなくもないため、税務調査において包括的租税回避防止規定が検討される可能性がないともいい難い。すなわち、支配関係発生日前に規模を増減させたことに対して制度趣旨に反すると認定することは困難であるが、税負担減少の意図があったと認定される可能性があることから、制度趣旨に反することを示す別の根拠がある場合には、包括的租税回避防止規定が適用される可能性は否めないということになる。

　そのため、支配関係が生じる前に規模が増減した結果として、事業規模要件及び事業規模継続要件を満たす場合には、税負担減少の意図があったと疑われる可能性があることから、規模を増減させたことについての事業目的を明確にしておく必要があると考えられる。

2　特定役員引継要件の潜脱

　事業規模要件又は事業規模継続要件を満たすことができない場合には、代替要件としての特定役員引継要件を満たす必要がある。そして、特定役員引継要件を満たすためには、被合併法人の適格合併前における特定役員である者のいずれかの者と合併法人の適格合併

前における特定役員である者のいずれかの者とが当該適格合併後に合併法人の特定役員となることが見込まれていることが必要とされている（法令112③五、⑩）。

　そして、「特定役員」とは、社長、副社長、代表取締役、代表執行役、専務取締役、常務取締役又はこれらに準ずる者で法人の経営に従事している者であるとされているが、この場合における「特定役員」は、支配関係発生日前における役員又は当該これらに準ずる者(同日において当該被合併法人等の経営に従事していた者に限る)である者に限られている。すなわち、支配関係発生日以後に合併法人の常務取締役を被合併法人の常務取締役として送り込み、その後に合併するような場合には、支配関係発生日前における役員でないことから、被合併法人の特定役員に該当しないため、特定役員引継要件を満たすことができない。

　このように、支配関係発生日以後に特定役員を操作することは困難であることから、やむを得ず、被合併法人の社長を合併法人の副社長、専務取締役又は常務取締役に就任させることで特定役員引継要件を満たそうとすることが多く行われている。

　具体的には、被合併法人の社長を合併法人の副社長、専務取締役又は常務取締役に就任させるような場合において、副社長、専務取締役又は常務取締役としての権限・責任が与えられているときは問題にならないが、単なる名目上の副社長、専務取締役又は常務取締役であり、副社長、専務取締役又は常務取締役としての権限・責任があるとは認められないときに、特定役員引継要件を満たすか否かという点が問題になりやすい。

　この点については、副社長、専務取締役又は常務取締役は、会社法において制度化されたものではないことから、定款等の規定又は総会若しくは取締役会の決議等により副社長、専務取締役又は常務取締役としての職制上の地位が付与された役員であると解すべきであると考えられる（法基通９－２－４参照）。そのため、単なる名

目だけの副社長、専務取締役又は常務取締役は、実質的に職制上の地位が付与された副社長、専務取締役又は常務取締役ではないことから、特定役員引継要件を満たすことができないと考えられる。

このように、特定役員引継要件を満たすためだけに副社長、専務取締役又は常務取締役に就任させる場合には、包括的租税回避防止規定を適用するまでもなく、実質的に、副社長、専務取締役又は常務取締役に該当するか否かの事実認定により否認すべきであると考えられる。

なお、上記のほか、支配関係発生日前に特定役員を送り込むことにより特定役員引継要件を潜脱する行為に対しては、**第1章**で解説したように、否認事例（ヤフー事件）があることから、ここでは解説を省略する。

第6節 非適格分社型分割後の適格合併

1 繰越欠損金の付替え

　分社型分割又は事業譲渡により子会社の事業を新会社に移転し、抜け殻になった子会社を被合併法人とし、親会社を合併法人とする吸収合併を行った場合には、繰越欠損金のみを親会社に移転することができる。

　しかし、**第2章**で解説したように、子会社が抜け殻になってしまうようなストラクチャーは、繰越欠損金を移転するだけで、それ以外の事業目的が認められないことから、包括的租税回避防止規定（法法132の2）が適用される可能性がある。さらに、**第1章**で解説したように、TPR事件では、合併により事業に係る工場等の建物及び製造設備が親会社に引き継がれていることから、本来であれば事業目的が認められるといわれていた事案であったが、①税負担減少の意図があったこと、②税負担の減少目的が事業目的を上回っていたことを理由に、従来に比べて厳しい判断が下されている。

　ただし、TPR事件は、事業の移転及び継続がないことを理由に制度趣旨に反すると判示されていることから、子会社に事業の一部を残しているのであれば、包括的租税回避防止規定が適用されないのではないかのように思われる。これに対し、大阪国税不服審判所裁決令和4年8月19日では、他の法人への繰越欠損金の付替えを認

める趣旨で法人税法57条2項が定められたわけではないとしていることから、事業の移転及び継続があったとしても、制度の濫用と認められるのであれば、包括的租税回避防止規定が適用される余地が生じてくる。

　例えば、子会社が10店舗の飲食業を営む法人である場合に、1店舗のみを残し、9店舗を新会社に適格分社型分割により移転させた後に、1店舗のみが残った子会社を被合併法人とし、親会社を合併法人とする吸収合併を行ったものとする。この場合には、1店舗のみを事業譲渡又は分割型分割により親会社に移転することに合理性があり、わざわざ適格分社型分割＋適格合併という手法を用いる理由はないという事案が想定される[*11]。その結果、税負担の減少目的が事業目的を上回っている場合において、制度趣旨に反すると認められるときは、包括的租税回避防止規定が適用される余地が生じるのである。

　それでは制度趣旨に反するかどうかについて検討すると、大部分の事業又は資産をグループ会社に移転させた後に、適格合併により繰越欠損金を合併法人に引き継いでいることから、繰越欠損金の付替えといえなくもなく、法人税法57条2項の制度趣旨に反するという考え方はあり得る。その一方で、1店舗は合併法人に引き継いでいることから、単純な繰越欠損金の付替えとまではいえず、同項の制度趣旨に反することが明らかであるとまではいえないという考え方もあり得る。

　この点については、実際に行われたストラクチャーの不自然さの程度にもよるが、組織再編税制の専門家の中でも見解は分かれると思われる。

---

*11　もちろん、適格分社型分割＋適格合併という手法を用いる合理的な理由がある事案も想定されるため、個別の事案に応じて柔軟な判断が必要になる。

2　含み損の実現と繰越欠損金の引継ぎ

　それでは、子会社が10店舗を保有しており、1店舗のみを残して9店舗を事業譲渡又は非適格分社型分割により含み損を実現させてから、1店舗のみが残った子会社を被合併法人とする適格合併により繰越欠損金を引き継いだ場合はどうであろうか。

　この場合には、資産及び負債が時価で譲渡されていることから、移転資産に対する支配は継続していないため、実質的に移転資産に対する支配が継続しているという事情がない限り、その時点で含み損を実現させることが制度趣旨に合致すると思われる。

　それでは、そのように生み出された繰越欠損金を合併法人に引き継ぐことが制度趣旨に反するかといえば、事業譲渡又は非適格分社型分割によりグループ外の法人に対して事業を譲渡した後に残余財産が確定した場合には含み損の実現により生じた繰越欠損金が親会社に引き継がれることから、含み損を実現させた後に適格合併により繰越欠損金を引き継ぐ行為が不自然であると認定される事案というのは、かなり限られたものになると考えられる。

　これに対し、事業譲渡又は非適格分社型分割により含み損を実現させることが組織再編税制及びグループ法人税制の制度趣旨に反する場合、換言すると実質的に移転資産に対する支配が継続していると認められる場合には、制度趣旨に反し、不自然なものとして認定される可能性がある[*12]。

　すなわち、大阪国税不服審判所裁決平成28年1月6日・TAINS

[*12]　本事案には当てはまらないが、第1章で解説したPGM事件のように、事業譲渡又は非適格分社型分割によりすべての事業を譲渡したことにより、事業のない法人を被合併法人とする適格合併を行った場合には、事業の移転を伴わない合併であること又は繰越欠損金の付替えであることを理由として、法人税法57条2項の制度趣旨に反するものとされる余地はある。

コードＦ０－２－629にあるように、完全支配関係を外した行為が
不自然・不合理であると認められる場合には、事業譲渡により含み
損を実現させると、同族会社等の行為又は計算の否認（法法132）が、
非適格分社型分割により含み損を実現させると、包括的租税回避防
止規定がそれぞれ適用される余地がある。しかし、それ以外のとき
は、事業譲渡又は非適格分社型分割により移転資産に対する支配が
清算されたことにより実現した含み損から構成される繰越欠損金を
合併法人に引き継いだに過ぎないため、残った事業を適格合併によ
り合併法人に引き継いでいる限り、同族会社等の行為又は計算の否
認及び包括的租税回避防止規定を適用すべきではないと考えられ
る。

第7節 合併前の従業者及び 事業の移転

1 税制適格要件

　第2章で解説したように、支配関係のある他の内国法人との間で合併を行う場合において、税制適格要件を満たすためには、金銭等不交付要件、従業者従事要件及び事業継続要件を満たす必要がある（法法2十二の八ロ）。

　しかしながら、債権者異議手続きに時間がかかることを理由として、合併前に被合併法人となる法人の従業者及び事業を合併法人となる法人に移管してしまうと、合併の直前に被合併法人に従業者及び事業が存在しなくなってしまうことから、従業者従事要件及び事業継続要件を満たすことができなくなるという問題がある。

　そのほか、従業者従事要件の判定は合併の直前で行うことから、合併前に一部の従業者を異動させた場合には、従業者従事要件の判定結果が変わることがある。

　このように、合併前に従業者又は事業を移管させる場合には、税制適格要件への影響に留意する必要がある。

2　みなし共同事業要件

　支配関係が生じてから5年を経過していない場合であっても、み
なし共同事業要件を満たすのであれば、繰越欠損金の引継制限、使
用制限及び特定資産譲渡等損失額の損金不算入がそれぞれ課されな
い（法法57③④、62の7①）。そして、みなし共同事業要件を満た
すためには、以下の要件を満たす必要がある（法令112③⑩）。
　①　事業関連性要件
　②　事業規模要件
　③　事業規模継続要件
　④　②及び③を満たさない場合には、特定役員引継要件

　このように、みなし共同事業要件を満たすためには、事業関連性
要件を満たすことが必要になるが、前述1の事業継続要件の判定と
同様に、合併前に被合併法人となる法人の事業を合併法人となる法
人に移管してしまうと、合併の直前に被合併法人に事業が存在しな
くなってしまうことから、事業関連性要件を満たせなくなるという
問題がある。
　そして、合併前に一部の従業者又は事業のみを移管させる場合で
あっても、事業規模要件の判定は合併の直前で行うことから、当該
事業規模要件の判定結果が変わることがある。さらに、被合併事業
又は合併事業の規模が変動することにより、事業規模継続要件の判
定結果が変わることもある。
　このように、合併前に従業者又は事業を移管させる場合には、み
なし共同事業要件への影響に留意する必要がある。

第8節　2段階組織再編成

1　完全支配関係継続要件

　第2章で解説したように、合併前に当該合併に係る被合併法人と合併法人との間に同一の者による完全支配関係がある場合には、完全支配関係継続要件が課されている。そして、合併法人又は同一の者が解散することが見込まれている場合には、完全支配関係継続要件を満たすことができない。しかし、適格合併により解散することが見込まれている場合も同様に解してしまうと、円滑な組織再編成を行うことができなくなることから、法人税法施行令4条の3第2項2号及び25項2号において特例が定められている。

　条文上の整理としては、(a) 株式を保有されている側（合併法人）を被合併法人とする適格合併（第2次合併）を行うことが見込まれている場合（法令4の3②二）と、(b) 株式を保有している側（同一の者）を被合併法人とする適格合併（第2次合併）を行うことが見込まれている場合（法令4の3㉕二）とに区別されている。

　まず、(a) 株式を保有されている側（合併法人）を被合併法人とする適格合併（第2次合併）を行うことが見込まれている場合には、第2次合併後に同一の者による完全支配関係を継続させることができないことから、第1次合併の時から第2次合併の直前の時まで同一の者による完全支配関係が継続することが見込まれていることだ

けが要求されている。

　これに対し、(b) 株式を保有している側（同一の者）を被合併法人とする適格合併（第2次合併）を行うことが見込まれている場合には、同一の者が保有していた合併法人株式が適格合併により移転しても、第2次合併後に第2次合併に係る合併法人と第1次合併に係る合併法人との間に当該第2次合併に係る合併法人による完全支配関係を継続させることができることから、第2次合併後に当該第2次合併に係る合併法人による完全支配関係が継続することが見込まれていることも要求されている[13]。

　そのため、実務上は、第2次合併が適格合併に該当することを確認した後に、第1次合併が完全支配関係内の合併に該当するかどうかを検討することになる。

■図表3－7　第2次合併における基本的な考え方

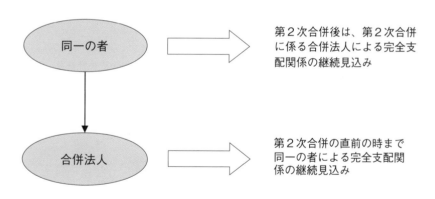

第2次合併後は、第2次合併に係る合併法人による完全支配関係の継続見込み

第2次合併の直前の時まで同一の者による完全支配関係の継続見込み

---

[13]　極めて稀なケースではあるが、第2次合併に係る合併法人が適格合併（第3次合併）により解散することが見込まれている場合には、第2次合併に係る合併法人が同一の者とみなされた結果（法令4の3㉕二）、第3次合併に係る合併法人と第1次合併に係る合併法人との間に当該第3次合併に係る合併法人による完全支配関係が継続することが見込まれていれば、完全支配関係継続要件を満たすことができる。これにより、第4次合併以降が見込まれている場合についても同様の取扱いになる。

■図表3－8 （a）合併法人が適格合併により解散することが見込まれている場合

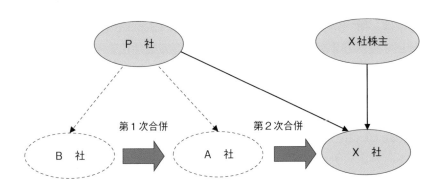

■図表3－9 （b）同一の者が適格合併により解散することが見込まれている場合

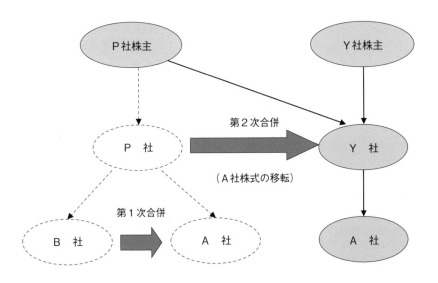

2　支配関係継続要件

　支配関係継続要件についても、完全支配関係継続要件と同様に、適格合併により解散することが見込まれている場合の特例が定められている（法令4の3③二、㉒二、㉕二）。

3　従業者従事要件

　第2章で解説したように、合併後の組織再編成により被合併法人から引き継いだ従業者のうち100分の20を超える数の者を、合併法人との間に完全支配関係がない法人に移転させた場合には、従業者従事要件に抵触してしまう。

　これに対し、被合併法人の合併前に行う主要な事業が第2次合併（適格合併）により当該第2次合併に係る合併法人に移転することが見込まれている場合には特例が定められており、第1次合併に係る合併法人の業務だけでなく、第2次合併に係る合併法人の業務に従事することが見込まれている従業者を含めて従業者従事要件の判定を行うこととされている（法法2十二の八ロ(1)）。

　すなわち、**図表3-10**のように、第1次合併に係る被合併法人B社の従業者が、第1次合併により第1次合併に係る合併法人A社に移転し、第2次合併により第2次合併に係る合併法人X社に移転することにより、第2次合併に係る合併法人X社の業務に従事することが見込まれていれば、第1次合併については、従業者従事要件を満たすことになる[14][15]。これは、第1次合併と第2次合併が同日であっても同様の結論になる[16]。

■図表３－10　第２次合併による従業者の移転

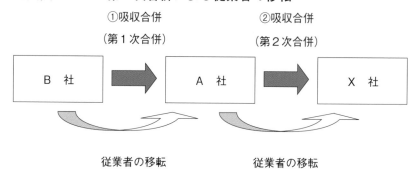

4　事業継続要件

　第２章で解説したように、合併後の組織再編成により被合併法人から引き継がれた主要な事業を合併法人との間に完全支配関係がない法人に移転させた場合には、事業継続要件に抵触してしまう。これに対し、被合併法人の合併前に行う主要な事業が第２次合併（適格合併）により当該第２次合併に係る合併法人に移転することが見込まれている場合には特例が定められている（法法２十二の八ロ(2)）。具体的な内容は、従業者従事要件と同様である。

＊14　極めて稀なケースではあるが、第２次合併に係る合併法人Ｘ社に移転した第１次合併に係る被合併法人Ｂ社の従業者が第３次合併（適格合併）によりさらに他の内国法人に移転することが見込まれている場合には、第３次合併に係る合併法人の業務に従事することが見込まれていれば、従業者従事要件を満たすことができる（藤田泰弘ほか「法人税法等の改正」『平成29年度税制改正の解説』337頁（注２）（国立国会図書館ＨＰ、平成29年））。これは、第４次合併以降が見込まれている場合であっても同様である。

＊15　第２次合併に係る合併法人Ｘ社に第１次合併に係る被合併法人Ｂ社の従業者を移転させた後に、第２次合併に係る合併法人Ｘ社との間に完全支配関係がある法人に移転させた場合であっても、従業者従事要件を満たすことができる。

＊16　藤田ほか前掲（＊14）337頁。

第9節　合併後の解散

　第2章で解説したように、合併前に当該合併に係る被合併法人と合併法人との間に同一の者による完全支配関係がある場合には、完全支配関係継続要件が課されている。そのため、合併後に合併法人が解散することが見込まれている場合には、完全支配関係継続要件を満たすことができない[*17]。

　これに対し、合併前に当該合併に係る被合併法人と合併法人との間に当事者間の完全支配関係がある場合には、完全支配関係継続要件は課されていない。ただし、**第1章**で解説したように、TPR事件では、完全支配関係内の合併であっても、事業の移転及び継続が伴わない場合には、包括的租税回避防止規定（法法132の2）が適用される可能性があると判示されており、PGM事件に係る国税不服審判所でも、事業の定義については争われているものの、事業の移転及び継続が伴わない場合には、包括的租税回避防止規定が適用される可能性があるという前提で争われている。

　すなわち、合併後に合併法人が解散する場合には、被合併法人の事業が合併法人において引き続き行われないことから、事業の移転及び継続が伴っていないと認定される可能性がある。そのため、税負担の減少目的ではなく、事業目的が主目的であることを明らかに

[*17]　同一の者が解散する場合にも、当該同一の者が保有していた合併法人株式が他の者に譲渡されてしまうことにより、原則として、完全支配関係継続要件を満たすことができないが、同一の者の支配株主に譲渡する場合のように、当該支配株主を同一の者とした場合に、完全支配関係内の合併に該当するような事案については、完全支配関係継続要件を満たすことができる。

することにより、包括的租税回避防止規定が適用されないようにする必要がある[18]。

　なお、実務上、合併前に同一の者による完全支配関係がある場合には、資本異動を行うことにより、当事者間の完全支配関係を成立させてから合併を行うという手法が検討されることがあるが、当事者間の完全支配関係を成立させてから合併を行うという行為に税負担の減少目的以外の目的が認められないことが多いため、上記と同じ問題が生じることになる。

---

[18]　ただし、大阪国税不服審判所裁決令和４年８月19日がTPR事件の判旨を採用していないことから、平成22年度税制改正後の事件には、TPR事件の判旨が採用されないという考え方も成り立つ。この点については、PGM事件と上記裁決例の地裁判決が公表されることにより明らかになると考えられる。

第10節　グループ通算制度との違い

　令和２年度税制改正により、令和４年４月１日以後開始する事業年度からグループ通算制度が導入されることになった。グループ通算制度を採用した場合には、通算グループ内の所得金額と欠損金額とを相殺することができる。ただし、令和２年改正前法人税法における連結納税制度と異なり、通算グループをひとつの納税単位とする制度ではなく、個別申告方式が採用されている。そして、事務負担の軽減のために、後発的に修正申告や更正が行われた場合であっても、原則として、他の通算法人の課税所得や法人税額の計算に影響を与えないように、遮断措置が設けられている。

　適格合併を行った場合には、被合併法人の繰越欠損金を合併法人に引き継ぐことができるため、適格合併とグループ通算制度が比較されることが少なくない。そして、グループ通算制度を開始してしまうと、その後に加入した通算法人に対して、グループ通算制度の加入に伴う時価評価が課されるとともに（法法64の12①）、繰越欠損金の持込制限や使用制限が課されることがあるため（法法57⑥⑧、64の6①、64の7②一など）、これらがグループ通算制度のデメリットとして挙げられることがある。ただし、旧連結納税制度と異なり、時価評価課税の対象から除外される法人の範囲が広いことから、さほど支障がないことも少なくない。

　そのため、適格合併の代替として、グループ通算制度の導入が検討しやすくなるように思えるが、グループ通算制度を開始する前に生じた繰越欠損金は、通算親法人の繰越欠損金であっても、通算子

法人の繰越欠損金であっても、他の通算法人の所得との通算が認められず、特定欠損金として取り扱われるという問題がある（法法64の7②一）。すなわち、グループ通算制度開始前に生じた繰越欠損金については、他の通算法人の所得との通算ができないことから、グループ通算制度開始後に生じる損失のみが通算の対象になる。一般的に繰越欠損金を利用した節税を考えるのは、すでに生じた繰越欠損金に対してであり、将来において生じる損失を想定して節税を考えることはそれほど多くはない。

　さらに、適格合併を行った場合には、法人税だけでなく、住民税及び事業税についても節税メリットを享受できるのに対し、グループ通算制度を採用した場合には、法人税については節税メリットを享受できるものの住民税及び事業税については節税メリットを享受できない。

　このような理由により、グループ通算制度は適格合併の代替にはなり得ないということになる。ただし、**第1章**で解説した裁判例、裁決例から推測すると、支配関係が生じてから5年を経過していたとしても、繰越欠損金の付替えと認められるような適格合併だと、包括的租税回避防止規定（法法132の2）が適用されるリスクが懸念される。さらに、事業上の理由から、ひとつの法人にすることができないという事情により、TPR事件と同じような組織再編成を検討してしまい、税務リスクの高さから結果として何ら組織再編成を行うことができなかったという事案も存在する。すなわち、①当面の間、黒字が見込まれない子会社がある場合や、②将来に多額の損失が生じる可能性がある子会社がある場合には、将来的な適格合併ではなく、損失が発生した事業年度において損益通算を行うために、グループ通算制度を採用するという選択肢はあり得る。

【著者略歴】

佐藤　信祐（さとう　しんすけ）

公認会計士、税理士、博士（法学）

公認会計士・税理士　佐藤信祐事務所所長

平成11年　朝日監査法人（現有限責任あずさ監査法人）入社

平成13年　公認会計士登録、勝島敏明税理士事務所(現デロイトトーマツ税理士法人）入所

平成17年　税理士登録、公認会計士・税理士佐藤信祐事務所開業

平成29年　慶應義塾大学大学院法学研究科後期博士課程修了（博士〔法学〕）

合併における
繰越欠損金の税務　　　　　　　　令和6年6月20日　初版発行

日本法令®

〒101-0032
東京都千代田区岩本町1丁目2番19号
https://www.horei.co.jp/

検印省略

著　者　佐　藤　信　祐
発行者　青　木　鉱　太
編集者　岩　倉　春　光
印刷所　丸　井　工　文　社
製本所　国　　宝　　社

（営　業）　TEL　03-6858-6967　　Eメール　syuppan@horei.co.jp
（通　販）　TEL　03-6858-6966　　Eメール　book.order@horei.co.jp
（編　集）　FAX　03-6858-6957　　Eメール　tankoubon@horei.co.jp

（オンラインショップ）　https://www.horei.co.jp/iec/
（お詫びと訂正）　https://www.horei.co.jp/book/owabi.shtml
（書籍の追加情報）　https://www.horei.co.jp/book/osirasebook.shtml

※万一、本書の内容に誤記等が判明した場合には、上記「お詫びと訂正」に最新情報を
　掲載しております。ホームページに掲載されていない内容につきましては、FAX また
　はEメールで編集までお問合せください。